教師が学びあう学校づくり

脇本健弘・町支大祐 編著

—「若手教師の育て方」実践事例集—

第一法規

目次

第1部

社会背景・政策動向

今なぜ若手教師育成なのか

‥ 1. 本書の目的：これまでの育成とこれからの育成 ‥

　「教育は人なり」という言葉があります。どんなカリキュラムを用意しようと、どんなに環境を整備しようとも、最終的に教育の成否を左右するのは「人」です。そして、学校教育において、その担い手たる「人」であるのは、教師です。だからこそ、その教師を育てていくことは、学校教育にとって最も重要な課題の一つであると言えます。

　特に近年は、若手教師の割合が増えています。10 年ほど前から都市部を中心に団塊の世代の大量退職が起き、それと入れ替わる形で、若手教師の大量採用が生じています。例えば、横浜市では、全校種の教員において、勤続年数 3 年までで全体の 20%、勤続年数 9 年までで全体の 50%を占めています（長島 2014）。こうした若手教師の増加は、ここ数年で都市部から地方に広がり、日本中で若手教師の割合が増加しています。この若手教師たちは、ボリューム層として、今後の学校教育に様々な影響をもたらしていく可能性が高いといえます。だからこそ、この若手教師たちをいかに育成するか、は今後の学校教育の成否を左右する重要な点であると言えます。

　では、育成はどのように行えばよいのでしょうか。かねてから、日本の学校では、教師の育成が盛んに行われてきました。まずはこれまでの教師の育成について振り返ってみましょう。キーワードは「同僚性」と「校内研究」です。

　同僚性は、「教育実践の創造と相互の研修を目的とし、相互の実践を批評し、高め合い、自律的な専門家としての成長を達成する目的で連帯する同士的関係」（佐藤 1994）と定義されます。つまり、同僚性とは、支え合い、育て合う教師の関係性を意味しています。こうした同僚同士の関係の中で、これまでの若手は育ってきました。本書を手にしている先生方の中にも、そうした温かい同僚同士の関係の中で、重要な出

会いをしてきた人もいらっしゃるかと思います。例えば先輩の実践から学ぶ、いわゆる「背中を見て学ぶ」という経験をされてきた方も多いのではないでしょうか。

もう一つのキーワードは、「校内研究」です。校内研究は「学校が抱える課題の解決に向かって、教職員が共同的・組織的に、授業等の教育実践を計画・実施・評価する営み」(木原 2006) です。日本の多くの学校において、教師が互いに実践を見せあい、コメントしあいながら学んでいくという取り組みが行われてきました。特に授業を対象にしたものは授業研究と呼ばれ、"Lesson Study" の名で海外にも広がり、国際的にも高く評価されてきました。

こうした育成が、我が国の学校では連綿と行われてきました。では、これまでどおり、「同僚性」と「校内研究」に委ねることで、若手教師の育成は可能なのでしょうか。本書は、この点に問題意識を持っています。同僚性や校内研究をベースにしつつも、これまでとは異なる育成も行っていく必要があるのではないかと考えています。その理由について以下に述べたいと思います。

まずは、教育内容の変化があります。近年、社会構造の変化を背景として、プログラミング教育やICTを活用した教育、小学校英語、SDGsなど、新たに扱う内容が次々と降り注いでいます。また、アクティブラーニングや主体的・対話的で深い学びや探究など、学びのあり方にも変化が見られています。これらは、単なる教授方法の変化というより、教室での教師と児童生徒との関係や、教師の果たすべき役割の点でも以前とは大きく異なっており、パラダイムシフトとも言うべき変化です。個々の児童生徒の学びに目を向け、最適な学びを実現するため、臨機応変に柔軟に振る舞うこともこれまで以上に求められています。もちろん、これらの学びのあり方は従来から重要なものでした。しかし、社会のあり方が変わる中で、その重要性はより高まっています。

教育の内容や方法の変化とともに、学び手である子どもの変化にも目を向ける必要があります。まずは、特別な支援を要する子の増加が挙げられます。特別支援学校、特別支援学級、通級による指導を受けている児童生徒は、平成 22 年度と比較して、それぞれ 1.2 倍、2.1 倍、2.5 倍となっています (中央教育審議会 2021)。また、日本以外の国にルーツのある子も増加しています。公立学校に在籍する日本語指導が必要な外国人、公立学校に在籍する日本語指導が必要な日本国籍の児童生徒は、平

成 19 年と比較して、それぞれ 1.6 倍、2.4 倍に増加しています (中央教育審議会 2021)。総じて言えるのは、子どもたちが年々多様化していることです。こうした学びの高度化と子どもの多様化をふまえると、かつてに比べて教職はより難度が増していると言えそうです。

では、教職の担い手たる、そして、育成の対象である若手教師自身はどうでしょうか。若手の様子を理解するうえでの一つの鍵になる数字が、採用倍率です。近年、大量採用によって採用人数が増えている一方で、(後述する) 多忙化や民間採用の好調によって受験者数は減っています。その結果、採用倍率がかつてに比べて著しく低下しています。例えば、ある県の小学校教員の採用 (方式I) においては、1.14 倍ということがありました。一般的に、倍率が下がれば人材は多様化すると言われています。かつてであれば、教員になれなかったような人材も、教壇に立つようになっており、前述の教職の高度化とあわせて考えると、より育成が難しくなっていると言えます。つまり、求められる力はかつてより高まっている一方で、若手自身がもともと持っている力は多様化しているということです。目標と現状とのギャップがかつてに比べて格段に大きくなっており、よって、育成はより難しくなっていると言えます。

また、かねてからの校内での育成に問題が生じていることも考慮する必要があります。同僚性については、学校への帰属意識が低く、同僚との関わりを避ける教師が増えているという指摘 (油布 1993) や、教育行政や管理職らがトップダウン的に関係性を作ろうとすることで、かえって同僚同士の関わりが形式的になること (ハーグリーブス 2015) などが指摘されています。また、校内研究については、その実施が自己目的化し、形式的・儀式的になりがちで形骸化 (稲垣・佐藤 1996) してしまっている事例も少なくありません。特に、授業の公開者が非生産的な批判の対象になってしまうという問題は、校内研究に対するモチベーションの低下を招いてしまっています (千々布 2005)。

多忙化の問題もあります。教師の仕事は長時間労働です。2018 年の教員勤務実態調査によれば、中学校教員の約 6 割、小学校教員の約 3 割が、いわゆる過労死ライン以上の労働時間となっています (文部科学省 2018)。これらの調査結果からも分

かるとおり、若手も中堅以上も、ほとんどすべての教員が様々な業務に追われて日々
をすごしていると言えます。このような状態では、若手は学習の時間を取ることが難し
く、明日の準備、来週の準備といったように、目の前の業務に対応することの優先順
位が高くなり、一方で、じっくりと学習の時間を取ることは「先送り」の対象になりやす
いと言えます。また、中堅以上の先輩教員にとっても、自分の業務対応が優先され、
育成は「他人事化」しやすくなりがちです。そもそもの長時間労働是正の問題を解決
し、学習や育成の時間や余裕を得ていくことが重要であることは間違いありませんが、
同時に、学習や育成のための数少ない機会をより効果的で充実した時間・場にして
いくことが求められます。

　ここまでを一旦まとめますと、以下のような現状があると言えます。①学びの変化や
子どもの変化によって、教職の高度化がより進む一方、若手自身は人材の多様化が
生じ、育成のハードルがかつてより高まっています。②プライバタイゼーション等によ
る同僚関係の希薄化、校内研究の形骸化によって、かつての育成のあり方が機能し
なくなっています。③長時間労働が激しくなっており、学習や育成のための時間や場
の確保が難しくなっています。

　こうした現状をふまえ、本書では、若手教師の育成を、従来から行われてきた同僚
性や校内研究だけに委ねることは困難であると考えています。より効果的で充実した
学習や育成を実現するためには、校内研究等に新たな工夫を加えることや、別の学
びの機会を作ることなども試みる必要があると考えます。本書の目的は、事例を中心
に、こうした育成のあり方を考えていくことにあります。

・・・・・・・・・　**2．政策動向をふまえて**　・・・・・・・・・

　こうした育成の現状は、教師の力量形成に関わる政策動向とも基本的には合致し
ます。

　「学び続ける教員像の確立」を提唱した、2012 年の中教審答申「教職生活の全体
を通じた教員の資質能力の総合的な向上方策について」においては、学校における

校内での育成について、以下のように課題を指摘しています。

> 教員は、日々の教育実践や授業研究等の校内研修、近隣の学校との合同研修会、民間教育研究団体の研究会への参加、自発的な研修によって、学び合い、高め合いながら実践力を身に付けていく。しかしながら近年では学校の小規模化や年齢構成の変化などによってこうした機能が弱まりつつあるとの指摘もある。

また、初任者の育成の改善の事例として、本書でも取り上げる「メンターチーム」について触れた部分もあります。

> 複数の先輩教員が複数の初任者や経験の浅い教員と継続的、定期的に交流し、信頼関係を築きながら、日常の活動を支援し、精神的、人間的な成長を支援することにより相互の人材育成を図る、「メンターチーム」と呼ばれる校内新人育成システムを構築している教育委員会もある。こうした取組は、初任者の育成だけでなく、校内組織の活性化にも有効である。

ここでの記述に「教育委員会」と入っていることからも分かるとおり、こうした校内での人材育成は、学校ごとに取り組むだけでなく、教育委員会との協力や後押しのもとで行われるものであることも指摘されています。

> 教育委員会においては、こうした校内研修等を活性化するための取組を推進するとともに、組織的かつ効果的な指導主事による学校訪問の在り方の研究など、学校現場の指導の継続的な改善を支える指導行政の在り方を検討していくことが求められる。

2015年の中教審答申「これからの学校教育を担う教員の資質能力の向上について〜学び合い、高め合う教員育成コミュニティの構築に向けて〜」では、より具体的な指摘が行われています。

> 「教員は学校で育つ」ものであり、教員の資質能力を向上させるためには、経験
> 年数や職能、専門教科ごとに行われる校外研修の体系的な実施とともに、学校
> 内において同僚の教員とともに支え合いながらOJTを通じて日常的に学び合う
> 校内研修及び園内研修の充実や、個々の教員が自ら課題を持って自律的、主体
> 的に行う研修に対する支援のための方策を講じることが必要である。

「教員は学校で育つ」として、同僚教員との支え合い、OJT、校内研修の充実等が
うたわれています。

> 校内研修は、各学校や地域の実態に根ざしたものであり、日々の授業などにそ
> の成果が反映されやすく、教員自身が学びの成果を実感しやすいなど、教員の
> 学ぶモチベーションに沿ったものである。(略) 市町村など、学校の設置者である
> 教育委員会や、とりわけ学校経営の責任を有する校長等も、教員一人一人の成
> 長を支える重要な存在であることを認識するとともに、校内研修等、継続的な研
> 修の意義や重要性を理解し、その活性化に最大限努めるべきである。校内研修
> の充実に関する先進的事例としては (略) ベテランの教員やミドルリーダークラス
> の教員がメンターとして若手教員等の指導や助言を行ったり、授業研究などを
> 行ったりしながらチーム内で学び合う中で初任者等の若手教員を育成するいわ
> ゆるメンター方式の研修等を導入し、効果を上げている例がある。このメンター
> 方式の研修については、若手教員の育成のみならず、ミドルリーダーの育成の
> 観点からも有効な取組である。

ここでも、メンター方式の紹介が行われているとともに、教育委員会の役割の大き
さや、校長を中心に組織的に育成に取り組むことの重要性が示されています。

これらの政策的な指摘にもあるとおり、校内での教員の育成に関わる取り組みとし
ては、①同僚同士の支え合いやOJTなど、個々の教員同士で行われるもの、②メン
ター方式などを含めた、校内で組織的に行われるもの、③ミドルの育成 (校内の取り

組み・教育委員会による支援）の３層で捉えることができます。

本書においても、以後この３層に応じて論を進めることにします。

・・・・・・・・・・・・・ 3．本書について ・・・・・・・・・・・・・

ここまで述べてきたとおり、本書は、「これからの育成のあり方について、事例を紹介しながら考えていく」ことを目的としています。また、①個々の教員同士の取り組み（第２部）、②校内の組織的な取り組み（第３部）、③若手の育成を支えるミドルの育成（校内の取り組み・教育委員会による支援）（第４部）の３層の構造に応じて展開していきます。

第２部では、１対１で若手教師をどのように育てるのか、メンタリングをもとにした事例を紹介します。経験学習やALACTモデルなど、教師の学びに関する理論をもとに、若手教師をどのように支援していけばよいのか考えます。

第３部では、校内の組織的な取り組みとして、校内において複数人で若手の学びを支えるためには、どうすればいいのか考えていきたいと思います。校内での学びの場や研修、そして、学習共同体に関する事例を紹介します。

第４部では、校内や教育委員会によるミドルリーダー育成の取り組みを紹介します。「教師としてまだまだ経験を積んでいきたい、学んでいきたい」と考えているミドルが、校内の後輩に目を向け、育成に関わろうと思うようになるためにどのような関わりが必要か、校内の管理職の関わりや教育委員会による研修の紹介をします。

それぞれの部においては、理論編として、理論的な解説も行っています（それぞれの部の冒頭にあります）。理論編を設けた理由は、本書の実践をさらに深く理解をするためです。理論編を読むことで、個々の事例の根底にある考え方を理解することができるよう意図しています。こうした深い理解は、事例を自校にローカライズするときに必要になってきます。本書で紹介した事例を、そっくりそのまま、ご自身の学校にあてはめていくことは難しいと思います。むしろ、事例をもとにしながら、自校の学校や子どもの実態をふまえ、修正を行いつつ、実践を行うことが大切です。その際に、理論編は、

事例の中のどこが要点であるかということを考えるヒントになります。

　本書を読み進めていく際には、一つには、事例から読み、その後理論編を読む、もしくは、先に理論編から読み、事例の位置づけや特徴を先に理解したうえで事例を読むということが考えられます。読みやすい形で読み進めていただければと思います。

（脇本　健弘）

（町支　大祐）

〔参考文献〕

・アンディ・ハーグリーブス (2015) 木村優・篠原岳司・秋田喜代美 (訳) 知識社会の学校と教師：不安定な時代における教育. 金子書房, 東京

・千々布敏弥 (2005) 日本の教師再生戦略：全国の教師 100 万人を勇気づける. 教育出版, 東京

・中央教育審議会 (2021)「令和の日本型学校教育」の構築を目指して：全ての子供たちの可能性を引き出す, 個別最適な学びと, 協働的な学びの実現 (答申) 関連資料集.

・稲垣忠彦・佐藤学 (1996) 授業研究入門. 岩波書店, 東京

・木原俊行 (2006) 教師が磨き合う「学校研究」：授業力量の向上をめざして. ぎょうせい, 東京

・文部科学省 (2018) 教員勤務実態調査 (平成 28 年度)

・長島和広 (2014) ミドル教員の管理職志向に与える要因：横浜市教員のキャリア形成分析から. 政策研究大学院大学修士論文

・佐藤学 (1994) 教師文化の構造＝教育実践研究の立場から. 稲垣忠彦・久冨善之 (編) 日本の教師文化. 東京大学出版会, 東京

・油布佐和子 (1993) 現代教師の Privatization：職場集団とその変化. 日本教育社会学会大会発表要旨集録 (45), 235-236

第2部

1対1で若手教師を育てる！

―授業から校務分掌まで―

理論編

1対1で若手教師を育てる！

　第2部理論編では、1対1で若手教師を育てるための理論について紹介します。具体的には、メンタリングをもとに、1対1の支援について考えていきたいと思います。メンタリングとは、大まかにいうと、先輩による後輩への支援を指します。

・・・・・・・・・・・・・・　メンタリング　・・・・・・・・・・・・・・

　メンタリングの起源は、ギリシャ神話 "The Odyssey" に登場するメントールであるといわれています。王に仕えるメントールは、王からの信頼が非常に厚く、王の良き理解者であり、支援者として描かれており、そこからメンターという言葉が生まれたと言われています（久村 1997）。メンターとは、人生経験が豊富で、指導者、後見人、教育者、支援者といった役割を果たす人を意味する言葉として使われています。また、支援を受ける立場の人をメンティといいます。

　メンタリングに関する研究や実践は、ビジネスなどの分野で盛んに行われています。教師の分野では、主にアメリカや諸外国において行われてきました。具体的には、1980年代ごろから、若手教師の高い離職率を改善するために、初任者と先輩教師のペアをつくる取り組みが始まりました。日本においては、1989年から初任者研修が段階的に導入され、指導教員の制度のもと、初任者と先輩教師のペアが公的に形成されるようになりました。しかし、日本でメンタリングという言葉がよく使われるようになったのは、近年になってからです。日本の教師には、もともとインフォーマルにお互いを支えるという文化がありました。例えば職員室において、ストーブを囲んで、授業や子どもとの関わり、悩みなどを聴き合うという習慣が、日本の学校には根付いていました。そのため、メンタリングという言葉を特に意識しなくとも、そのような営みは自然発生的

に行われていたのです。そして、それは、同僚性という言葉で語られてきました。しかし、第1部のとおり、現在の日本の学校はそのような状況ではなくなってきました。若手教師の育成の重要性が高まる中で、メンタリングという言葉が注目され、意図的に若手教師に関わるということが求められてきたのです。

　それでは、メンタリングでは具体的に何をどのように行っているのでしょうか。上述したように、日本では、メンタリングという言葉を特に意識せずともその行為は自然に行われてきました。メンタリングの範囲は様々で、教師の仕事に関するものから精神的な支えなど、教師生活全般で行われており、特に授業や学級経営についてよく取り組まれていることが明らかになっています（乾・有倉2006）。このような授業や学級経営に関するメンタリングは、教師の成長にとって重要な役割を果たしていることが指摘されています。岩川 (1994) は、これまでの日本の教育実践において、すぐれた教師の見識が伝承され、それによって創造的な教師が生み出されてきた場面にはメンタリングというコミュニケーションが働いていたと指摘しています。また、中谷 (2007) は「学校において教師は、初任者の頃から、先輩の教師や、教務主任、教頭などの管理職といった経験豊富な教師から、授業実践や日々の子どもたちへの対応についてさまざまなことを教わり、それによって自分なりの具体的、実践的な指導力を身につけてゆく。このような経験ある年長者からの指導や助言は、教師がひとりで考え、調べただけでは身につかないことも多く、教師が熟達した力量を身につけていくうえで欠くことのできないプロセスである」とまとめています。このように、教師の学びの機会として、メンタリングは重要なものであると言えます。

　しかし、メンタリングは、実施すれば必ずしもうまくいくというものではありません。スポーツの世界で、名プレーヤーが名監督、名コーチとは限らないのと同様に、メンタリングもメンターの関わり方によっては、うまくいかないことがあります。やり方によっては、かえって初任者にプレッシャーを与えてしまうという状況にもなりかねません。

　それでは、メンタリングをうまく行うにはどうすればよいでしょうか。メンタリングの具体的な説明に入る前に、まずは教師の学びの理論について紹介します。若手教師にどのように関わることが学びを促すことになるのか、その方法を考えるためには、教師の学びについて知る必要があります。

・・・・・・・・・・・・・ 教師の学びとは ・・・・・・・・・・・・・

　教師の仕事は、授業や学級経営、保護者との関わり、校務分掌など多岐にわたり
ます。これらがうまくできるようになるためには、どうすればよいでしょうか。メンタリン
グで言えば、メンターとして、メンティといっしょに考えたり、やり方を伝えたり、できる
ことはたくさんあると思います。本書はそのような中で、メンターである先輩教師がメン
ティと共に振り返るということに着目したいと思います。もちろん、メンティに授業や子
どもとの関わり方などの具体的なやり方を伝えていくことも重要です。しかし、ここで
共に振り返るということに着目するのは、教師という仕事の特徴が大きく関わっていま
す。教師という仕事は、日々様々な判断が即興的に求められます。例えば、授業の進
行において、子どもとの様子やその状況を読み取りながら、即興的に判断する必要
があります。ゆっくり考えている暇はなく、その都度、何をするのかすぐに選択をしな
ければなりません。学級経営などの子どもとの関わりも同様です。このような実践場面
で求められる思考は、実践的思考と呼ばれ、そこで用いられる知識は実践的知識と
呼ばれています。実践的思考や実践的知識を養うことが教師の成長として重要です。
実践的思考に関して、若手教師とベテラン教師を比較した研究 (佐藤1997) がありま
す。ある授業の映像を観察した際に、若手教師とベテラン教師が何を考えるのか、比
較を行っています。具体的には、授業映像を見ながらの発話、視聴後にレポートを書
いてもらい、その比較を行うことで、若手教師とベテラン教師の比較を行っています。
分析の結果、若手教師とベテラン教師で大きく異なったのは、授業映像を見ながらの
発話でした。若手教師は映像を見た場面の事実をそのまま述べていることが多いの
に対し、ベテラン教師は、それにとどまらず、そこからその場で子どもやその場の状況
を深く読み取り、推測し、それらに対応するための様々な方法を検討し、次の手だて
を考えた発話をする傾向がありました。一方で、視聴後のレポートについては、若手
教師とベテラン教師で授業映像を見ながらの発話ほどの差は見られませんでした。

　このような教師の実践的思考や実践的知識を豊かにしていくには、日々の自身の実
践を見直していくこと、つまり振り返りを行い、次の手だてを考えていくことが有効だと

言われています。自身の行った行為に対して、子どもはどうだったのか、それでよかったのかどうか、原因はどこにあるのか、他に取りうる選択肢はどのようなものがあるのか、今後どのようにしていきたいのか、といったことを考えていくことで、次に類似する場面に遭遇した際に、以前よりうまく対応できるようになります。上記方法について考えるために、本書では、経験学習理論、ALACT モデルを紹介します。

・・・・・・・・・・・・・・・経験学習・・・・・・・・・・・・・・・

　経験学習理論とは、コルブ（1984）が提唱した理論で、経験からの学びに関する理論です。経験学習理論において、学習は、経験を変換することを通して、知識を創造するプロセスと捉えています。そのプロセスを、コルブは経験学習モデルとして、**図1**のようにまとめています。具体的経験、内省的観察、抽象的概念化、能動的実験という四つのプロセスをたどるサイクルになっています。

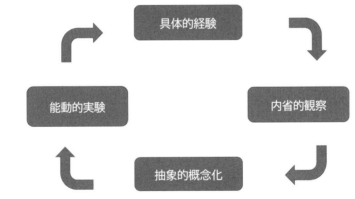

図1：経験学習のプロセス（コルブ 1984）

　具体的経験とは、日々の仕事の中での経験のことを指します。教師の仕事でいえば、授業や子どもとの関わりなどがあたります。

　内省的観察とは、いわゆる振り返り、リフレクションのことを指します。具体的経験について振り返ることを内省的観察といいます。

抽象的概念化とは、内省的観察で明らかになった課題や成果などをもとに、今後に向けて自分なりの仮説や理論を構築することを指します。これまで、振り返りの重要性は様々な場面で主張されてきました。しかし、振り返りでとどまってしまっては、実践の改善に必ずしもつながるとは限りません。振り返りをもとに、今後どのようにするのか考えていくことが重要です。抽象的概念化はそのための行為です。

　能動的実験は、抽象的概念化で得られた仮説や理論を実行して、試してみることを指します。自分なりに考えた仮説や理論は、実際に実行してみることで、自身の実践に生かされます。また、それにより新たな課題や改善点が見えてくるかもしれません。

　経験学習は、このようなプロセスを回していくことで、実践的思考・知識を豊かにします。そのときのポイントとして、他者の存在があります。経験からの学び、と聞くと、独りよがりのように見えますが、そうではありません。例えば、内省的観察では、自身の観点でのみ振り返るのではなく、他者と共に振り返ることで、より広い視野で、様々な観点から振り返ることが可能になります。研究授業では、お互いの授業を見合い、対話を重ねることで、より広い視野で、より深く考えられた経験があるかと思います。また、抽象的概念化では、先輩や同僚の話を聞くことでヒントを得ることができるかもしれません。様々な書籍を読むことで、先人の実践や理論を知ることができ、それは自身の仮説や理論の構築の助けとなります。

　コルブの経験学習理論は、教師に限らず、様々な職業において紹介されている理論です。これに対して、教職に特化したものとして、ALACT モデルがあります。次にALACT モデルについて紹介します。

・・・・・・・・・・・・・・ **ALACT モデル** ・・・・・・・・・・・・・

　ALACT モデルは、オランダの教育学者コルトハーヘンが提唱した理論で、先ほど紹介したコルブの経験学習理論などを参考にしながらつくられています。コルトハーヘンは、経験による学びのプロセスを五つの局面（行為、行為の振り返り、本質的な諸相の気付き、行為の選択肢の拡大、試み）に分け、この五つの局面の英語の頭文字を

とって、ALACT モデル (**図 2**) と名付けました。

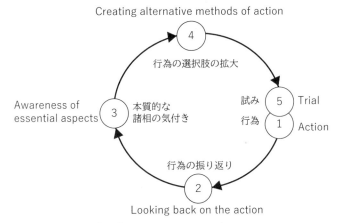

図 2：ALACT モデル (コルトハーヘン 2010)

　経験学習モデルと ALACT モデルの比較を大まかに行うと、ALACT モデルにおける「行為」は経験学習における「具体的経験」を、「行為の振り返り・本質的な諸相の気付き」は「内省的観察」を、「行為の選択肢の拡大」は「抽象的概念化」を、「試み」は「具体的経験」に対応します。コルブの経験学習と異なり、ALACT モデルには「本質的な諸相の気付き」があります。経験した出来事に対して、それが起きた根本的な原因は何かを明らかにすることを、ALACT モデルでは「行為の振り返り」とは別に置いて重要視しています。ALACT モデルでは、この「本質的な諸相の気付き」につなげるために、「行為の振り返り」での質問が考えられています (**表 1**)。この質問はメンタリングにおいて、メンティにどのような問いかけを行うのか、という面で参考になります。

0．文脈はどのようなものでしたか？	
1．あなたは何をしたかったのですか？	5．生徒たちは何をしたかったのですか？
2．あなたは何をしたのですか？	6．生徒たちは何をしたのですか？
3．あなたは何を考えていたのですか？	7．生徒たちは何を考えていたのですか？
4．あなたはどう感じたのですか？	8．生徒たちは何を感じていたのですか？

表 1：行為の振り返りにおける質問 (コルトハーヘン 2010)

表1の1から4がメンティ自身に関する質問、5から8は相手、つまり子どもに関する質問になります。本人目線、そして子ども目線で、何をしたかったのかということ、それに対して実際に何をしたのか、そのとき何を考えていたのか、どう感じていたのか、ということをそれぞれ言語化し、自身の中でのズレや、自身と子どもとのズレなどを明らかにしていきます。ズレに着目することで、課題、もしくは成功した要因が見えてくるかもしれません。また、項目によっては、あまり話せない項目もあるかもしれません。そのような項目については、これまであまり考えてこなかった観点ですので、今後実践を行う際に意識すべきポイントだと言えます。

　これまで一般的に行われてきた振り返りについて考えてみると、1から3や5から7に関してはすでに行われてきたものと言えるかもしれません。ALACTモデルで特徴的なのは、4や8です。これまでメンティと関わった経験がある方は、もしかすると、メンティに話した内容に、メンティが納得していない、いまいち腑に落ちていない顔をしている、せっかく話したのに何も変わらない、といったことがあったかもしれません。教育実践には、実践者の思いや信念が込められています。経験の浅いメンティであってもそれは同様です。思いや信念は、日頃話すことは少ないかもしれませんし、そもそも無自覚で、言語化できないかもしれません。しかし、メンタリングでのやりとりが、メンティの思いや信念とずれたところに進んだ場合、メンティのメンタリングに対する意欲は下がってしまうかもしれません。場合によっては、メンタリングをネガティブに捉えてしまうかもしれません。そうなってしまうと、メンタリングで学んだことが実践に生かされる可能性は低くなります。

　このような思いや信念について考えていくきっかけが、4や8で問う感情です。1から3や5から7について言語化していく中で、自身がどのように感じたのか、それは嬉しいことなのか、悲しいことなのか、または何か別の感情を持ったのか、それらはメンティの思いや信念に関係しているかもしれません。メンタリングを行う際は、その感情を共有し、メンターが受け入れ、それをもとに次の方向性を共に考えていくことで、より建設的に進むことが期待できます。

　ALACTモデルでは、「行為の選択肢の拡大」についても、表2のようにガイドラインを出しています。原因が明らかになり、次の方向性を考える際も、最終的には本人

が選択肢を考え、選択することが重要です。メンターはその支援を行うことが求められます。しかし、これはとても時間がかかることです。メンターがどうすべきか直接伝えたほうが、その場の課題解決だけを考えるのであれば、早いと言えます。しかし、それではその場面の解決はできるかもしれませんが、本人が自分で考えて行動できるようになる習慣が身につきません。次の「まとめと第 2 部の紹介」で詳しく解説しますが、メンティが自律的に学べるようになるように、ALACT モデルのすべてのサイクルで、メンティへの関わりには工夫が求められます。

選択肢拡大のためのガイドライン

1．学生は選択肢の拡大を十分能動的に行おうとしていますか？
2．学生自身が選択肢を考案していますか？
3．それらの選択肢は十分具体的ですか？
4．それらは現実的ですか？（能力やリスクの大きさ面で）
5．それらを実行した際に表れるであろう効果を検討しましたか？
6．それらの選択肢は、他の場面にも使えるよう一般化できるものですか？
7．最終的に、残された選択肢から選んだのは学生自身ですか？

表 2：選択肢拡大のためのガイドライン（コルトハーヘン 2010）

（ALACT モデルは教育実習を想定しているため学生の表記になっています）

・・・・・・・・・・・・ まとめと第 2 部の紹介 ・・・・・・・・・・・

　ここまで、教師の学びの理論として、経験学習と ALACT モデルについて説明を行ってきました。メンタリングを行う際は、メンティの課題解決ばかりに意識を向けるのではなく、メンティが自律的に学べるように、つまり、これらのサイクルを自分で回せるようになるために関わることが大切です。緊急事態でいち早く対応が求められる場面であれば、メンターがやり方を直接伝えることも必要です。しかし、最終的には、上述したとおり若手教師が自律してサイクルを回していけるように、つまり、経験から自ら学べるように関わることが求められます。これは、必ずしも一人ですべてできるように

なるということではありません。サイクルを回していく中で、必要に応じて、誰かに質問することができる、助けを求められるようになる、というように、自分で自分の学びを捉えて、マネジメントできるようになるということです。

　第2部では、様々な場面でのメンタリングを紹介しています。それぞれの実践事例について以下に紹介します。

・・・・・・・・・・・・《実践事例1》・・・・・・・・・・・・
「授業リフレクション―経験学習モデルにもとづく1対1メンタリング―」

　実践事例1は授業のリフレクションがテーマです。経験学習モデルによるメンタリングを行っています。若手教師が自身で学べるようになるように、目標設定から、経験学習のサイクルである「具体的経験（=授業実践）→内省的観察（=授業を振り返る）→抽象的概念化（=課題解決の方法を見いだす）→能動的実験（=やってみる）」を支援しています。それぞれのプロセスでどのように関わったのか、紹介しています。

・・・・・・・・・・・・《実践事例2》・・・・・・・・・・・・
「学習指導案の作成―教師が成長し合う『学習指導案の協働作成』―」

　実践事例2は学習指導案がテーマです。学習指導案について、先輩教師と若手教師が対話をしながら協働で作成していきます。学習指導案の作成は、通常一人でやることが多いですが、それを協働で行うことで、ベテラン教師の知見を若手教師に伝承することができます。また、新たなアイデアの創発も起こります。授業の学びというと、例えば研究授業では、指導案の検討や授業の実施、そこから振り返り、検討会に着目されがちですが、指導案の作成も重要な学びの機会です。実践事例2はその方法を提案しています。

・・・・・・・・・・・・・《**実践事例3**》・・・・・・・・・・・・
「校務分掌―学校行事のマネジメント支援―」

　実践事例3は校務分掌がテーマです。若手教師が取り組む校務分掌におけるマネジメントを、著者が開発したメンタリングシートを活用することで支援します。具体的には、校務分掌に取り組む若手教師を先輩教師がメンタリングシートを用いながら支援することができます。メンタリングシートは、特に校務分掌における計画に焦点を当て、①要求理解、②現在の状況把握、③プロジェクト定義、④マイルストーン定義、⑤既知要因の把握、⑥新規要因のデータ化、⑦生徒の参画範囲、⑧メンバーへの役割分散の八つで構成されており、シートをもとに対話をし、計画を進めることで、若手教師の校務分掌を計画する力を育てていきます。

（脇本　健弘）

（町支　大祐）

〔参考文献〕

・久村恵子（1997）メンタリングの概念と効果に関する考察：文献レビューを通じて―．経営行動科学, 11（2）：81-100

・乾丈太, 有倉巳幸（2006）小学校教師のメンタリングに関する研究．鹿児島大学教育学部教育実践研究紀要, 16：97-106

・岩川直樹（1994）教職におけるメンタリング．稲垣忠彦, 久冨善之（編）日本の教師文化．東京大学出版会, 東京

・コルトハーヘン, F.A.J.（編著）武田信子監訳（2010）教師教育学：理論と実践をつなぐリアリスティック・アプローチ．学文社, 東京

・コルブ, D.A.（1984）Experiential Learning: Experience as the Source of Learning and Development. Englewood Cliffs, NJ: Prentice Hall

・中谷素之（2007）学ぶ意欲を育てる人間関係づくり：動機づけの教育心理学．金子書房, 東京

・佐藤学（1997）教師というアポリア：反省的実践へ．世織書房, 東京

実践編

《実践事例1》授業リフレクション
―経験学習モデルにもとづく1対1メンタリング―

・・・・・・・・・・・・・・・ **1. はじめに** ・・・・・・・・・・・・・

(1) 今、メンタリングを必要とする教育現場事情

　教師とは、夢のある仕事です。可能性あふれる子どもたちの成長がやりがいにつながる仕事です。きっと教師を志す人たちも、それぞれが夢を描きながら教育現場にやってくるのではないでしょうか。しかし、今の教育現場ではどれだけの教師がその夢を実現できているのでしょうか。私が初任の頃には「分からないことが分からない」という状況でした。先輩方からすれば、見て学んでほしい、自分から聞いてほしい、と思われたのでしょう。ですが、課題がどこにあるのか、どこから始めればよいのかが分からず、無我夢中で取り組むけれど、うまくいかないことも多々あり、一体どうすれば…、と放課後に頭を抱えることもありました。そんなとき、寄り添って、親身になって話を聞いてくださる先輩の存在が大きかったものです。私自身の経験では、周りにたくさんの人がいるとどう思われるかが気になって言えないこともありましたが、1対1であれば、「実は…。」と悩みを打ち明けやすくもありました。そして、先輩方がご経験の中からいろいろな方法を教えてくださったのをよく覚えています。

(2) 目指すのは自分で考え、実践し、振り返る力

　初任1年目は、校内外において研修の機会やフォロー体制も整っているため、職場でも「初任者」として何かと気にかけてもらえます。ですが、2年目、3年目となると一人前として仕事を任されていき、困り感を出しにくくなることもあるでしょう。そして、

周りの人たちが気付かないところで、ひっそりと悩んでしまうことがあるかもしれません。また、一方で、周りには、その若手教師を支える中堅・ベテラン教師も、「どうしたら若手に伝わるのかしら…。」と悩んでいる姿をがあったりします。私自身も、2年目の若手教員と学年を組んだときには「この間、そのことは伝えたつもりだったのだけれど…。」と思うことが何度かあり、伝えることの難しさを感じました。では、若手教師とその周りの教員の悩みを解決するためには、どうしたらよいのでしょうか。そのヒントが「メンタリング」にありました。一方向ではない、双方向のコミュニケーションを軸とした「自身の課題に気付き、その課題を解決するための方法に取り組み、振り返り、次の実践につなげていく」という1対1のメンタリングを実践することにしました。

・・・・・・・・・・・・・ 2. 実践の紹介 ・・・・・・・・・・・・・

　本実践の対象となるメンティA教諭は教職経験4年目の若手教師です。1年目と3年目に少人数指導担当を務めていたため、A教諭が学級担任としては2年目にあたる年に本実践に取り組みました。メンターは教職経験11年目の筆者が担いました。本実践では、理論編で紹介した経験学習モデルにもとづいて取り組んでいきます。そのサイクルにのっとり、ここでは「具体的経験（＝授業実践）→内省的観察（＝授業を振り返る）→抽象的概念化（＝課題解決の方法を見いだす）→能動的実験（＝やってみる）」の流れで取り組むことにしました。

（1）目標設定・メンタリング計画

　経験学習のサイクルに入っていく前に、まずは目標設定を行います。A教諭自身が高い課題意識を持っている「授業力」に重点を置き、5月から約9か月間、メンタリングに取り組むことにしました。
　メンタリングでは、メンティ本人の課題意識や目標に向かおうとする前向きな姿勢が重要になってくると考えられます。そこで、目標設定とその達成にむけての計画立案をメンターとメンティが一緒に行いました。まず、メンターがメンティと子どもの関わりや

授業の様子を観察したり支援に入ったりします。その中で、メンティのよさや課題、困り感をできるだけ同じ目線で把握できるようにしていきます。そこで分かったことは、A教諭が授業内で子どもの具体的な姿に気付きにくい場面があるということや、学習のルールを丁寧に指導する必要があるということでした。その後、メンティ自身がどのような力を伸ばしたいのかを問いかけたり、メンターが気付いた課題を組み込んだりしながら、目標や大まかな計画を立てていきました。その結果、「子どもたちが夢中になる授業をつくることができるようになる」という目標に決まりました。この段階では、まだ抽象的な目標ではありますが、メンタリングの取り組みを通して徐々に具体的なものに焦点化していこうと考えました。目標設定の焦点化は、メンターが状況を鑑みながら促していきます。

> **Point　次の課題・目標の設定**
> 　その人の力を引き出すためには「ストレッチゾーン」（中原 2014）を把握することが重要であると言われています。簡単すぎず、難しすぎない適度な課題や目標について、メンターが促しながらメンティと設定していきます。

（2）具体的経験（授業実践）

　基礎的な授業力から身に付けていくために、国語の授業実践を中心に、1単元を継続してメンタリングに取り組みました。ここではその一部を紹介します。

　本授業は2年国語「書くこと」の単元の1時目です。自分の好きなものについて、ウェビング（キーワードからイメージするものをつなげます）を用いてたくさん書き出したことの中から、紹介したいものを一つに決めるという授業でした。メンターは、メンティの授業の様子を動画で記録したり、授業記録を起こしてメモしたりしながら観察しました。

Point　記録を取る

　メンターがメンティの授業実践を観察しているときには、具体的な場面を想起できる記録が客観的に振り返れる資料となります。写真や動画などで授業記録を残すことにより、メンティ自身の気付きを促すことにつながります。

(3) 内省的観察 (授業を振り返る)

　授業後に、メンターとメンティが1対1で授業を振り返ります。普段は自分で授業を振り返り、次の授業準備に取り掛かるところですが、メンタリングではメンターとともに1時間の授業をじっくりと振り返る時間を確保することで、客観的かつ多角的な視点で自身の授業を見つめ直すことができます。

Point　客観的に振り返るための資料

　授業をしているときには、自分の姿を客観的に捉えることは難しいです。そこで、授業の様子を動画に撮影しておき、それを見ながら振り返ることで、メンティが具体的な場面での改善点を見いだしやすくなります。

　授業観察の際に撮っていた授業記録や写真、動画等をメンティと見ながら振り返ることで、具体的な場面を共有し、メンティの思いに共感しながら、対話していきます。課題にばかり目を向けていては、メンティも前向きには取り組めなくなってしまいます。そこで、このように尋ねてみました。

> メンター「(動画を一度止めて) この問い返しって、いつも意識してやっているの?」
> メンティ「校内研究でもよく言われるじゃないですか。子どもの言葉を問い返していくことが大事だって。だから、そういうのって意識しなくちゃいけないなと思って…。」

　一緒に動画を見ながら、メンターが気付いた手立てのよさについても積極的に伝えていきました。無意識にしていることや、小さなことでも、客観的な視点から価値づけていくことで、メンティの自信にもつながりますし、より工夫して授業に取り組んでいこうとする意欲が高まってきます。経験が浅いうちは、うまくいかないこともたくさんあります。だからこそ、よいところに目を向けることが大切だと考えます。授業を振り返るときには課題だけでなく、よさにも目を向けて取り組むのだということを理解してもらうことで、メンタリングへ前向きな気持ちで取り組めるようになりますし、メンティとメンターの信頼関係にもつながります。

　その後、メンターがこの１時間の授業の中で、最も一緒に考えたい課題について問いかけていきながら、対話を焦点化していきます。授業研究において、授業中の子どもの具体的な学びの姿をとらえることで、教師の手立てや教材の研究を深められることは明らかになっていますし（鹿毛・藤本 2017）、目標設定で明らかになったメンティの課題でもあります。ここでは、活動の見通しを持てなかった子どもの姿に焦点をあてて、授業の課題を考えていくことにしました。

のイメージとしては、理由だけでなく、そのことっていうか…好きだからこそ言えるものを出してほしいじゃないですか。でも今日は私がどういうふうにって言ってなかったから、明日は「こういうことを書く」っていう具体的なイメージを持たせてあげないといけないなって思いました。そのことを知らない人にも分かるように伝えられるようにしないといけないと思いました。」

　メンターが「授業のめあて」と「授業場面の子どもの具体的な姿」について問いかけることにより、メンティは自らの授業を振り返り、語り始めました。

　自分が想定していた子どもの姿とは違い、なぜうまくいかなかったのか、その原因について考え、「子どもに学習活動の見通しを持たせる手立てが十分ではなかった」という課題に気付くことができました。このように、子どもの名前や発言など、具体的な姿を挙げながら振り返ることで、想起しやすく、教師の行った手立ての有効性を検討することができます。

Point　問いかけ

　メンターが一方的に指摘したり、よいと思う方法を伝えたりするのではなく、考えるポイントに焦点をあてて問いかけ、対話することで、メンティ自身が課題に気付くようにします。それにより、自分の課題意識が高まり、解決するための方法をより必要感をもって考えることにつながります。

（4）抽象的概念化（課題解決の方法を見いだす）

　課題が明確になってきたところで、次の授業でそれを解決するためにどのような方法に取り組むのかを考えていきます。

メンター「じゃあ、どうしようか？」
メンティ　「（しばらく考え込んだ後）…何だろうな。こういうふうに書く、みたいなものが
　　　　　　例にあった方が書きやすいのかなって思って。」

メンター「それがあったら、どんないいことがあるんだろう。」

メンティ「書き始めにくいなっていう子にとっては、そういうこと書けばいいんだって分かるというか。」

メンター「うん、それいいね。その内容をあのワークシートに書き込んで拡大して黒板に掲示しておくと、その後子どもも書き始めやすいかもしれないね。」

　ここでも、メンターが課題解決の方法を示すのではなく、問いかけて考えるようにすることで、メンティが自分で選ぶことができるように、時には様々な選択肢を示すことも必要かもしれませんが、何のためにどのように取り組むのか、ということをメンティが自覚的に取り組めるように促していきます。教師が行う手立ての意図を明確にすることが、その後の振り返りでも重要になってきます。

　ここでは、メンティは子どもが活動の見通しを持てるようにするために、ワークシートを用意し、黒板でもその紙を拡大したものを活用して授業を進めていくことに決めました。

（5）能動的実験（やってみる）

　メンティが見いだした課題解決方法を授業の中で実践し、メンターは記録を取りながら授業を観察しました。教師の意図を理解した上で授業を観察することは、メンティの目線に立って授業を振り返ることにつながります。A教諭は授業の中で、子どもに示す例とワークシートの活用により、子ども

ワークシートを活用した授業実践

たちが文章を書きやすくなるような支援をすることができました。授業後に、子どもの姿をもとにその手立ての有効性を一緒に振り返ることで、メンティの手応えやさらなる授業改善につながりました。ですが、ここで終わるのではありません。本実践では、撮影した動画を見返しながら、「説明に時間がかかりすぎてしまい、子どもの活動の時間を十分に確保できなかった」とメンティ自身が1時間のタイムマネジメントという

新たな課題に気付き、その後も経験学習のサイクルにのっとり、継続的に国語の授業のメンタリングに取り組んでいきました。

　単元の終末では、子どもたちが書き上げた作文を授業参観で発表しました。準備段階で、メンティから「発表の場の設定をこんなふうにしようと思っているんですが、どう思いますか。」とメンターに尋ねてくる姿に、授業を楽しみながら展開している様子が伝わってきました。自分で考えて取り組んだことによる手応えがそのような姿につながったのでしょう。参観後の懇談会では、発表を聞いた保護者の方から「子どもたちの成長を感じました。」という感想をもらい、A教諭はさらなる自信につなげていました。

・・・・・3. 目指す授業像を持つためのメンタリング ・・・・

　国語の授業についてのメンタリングを行う中で、メンティは次第に「他の先生方はこんなとき、どのようにされているのだろう。」と関心を広げるようになっていきました。そこでメンターは、メンティが目指す授業像をより具体化していく必要性を感じ、ベテラン教師のB教諭の授業から学ぶ場を設定しようと提案しました。校内授業研究会などの時間ではなく、日常の授業場面こそ、授業について見つめ直すよい機会でもあると考えたからです。

（1）具体的経験（授業実践：授業見学）

　B教諭は当時、道徳教育推進担当であったことから、道徳の授業を見学させてもらうことにしました。メンティとメンターが一緒に授業見学をすることで、同じ場面を共有し、それをもとに多角的に授業を振り返られると考え、気付いたことをメモに取りながら、見学しました。

(2) 内省的観察 (授業を振り返る)

　授業見学を通して気付いたことについて、メモをもとに振り返ります。今回は目指す授業像を明確にすることが目的であったため、メンティが気付いたことを中心に話を展開していきました。

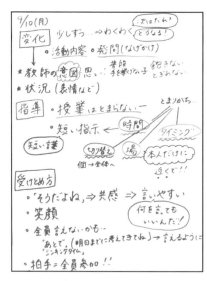

メンタリングで使用したホワイトボード

　ここで話題の中心となったのは、「授業展開」についてです。タイムマネジメントや子どもへの指示の出し方などについて課題意識を持っていたメンティは、先輩教師の授業のテンポのよさに気付きました。何となく授業を見ているのではなく、メンティが課題意識を持ち、「学ぶ視点」を定めて見学しているからこそ、気付くことができたと考えられます。

　自分の授業実践と比較すると、メンティは子どもへの指示や返答に迷うことで間が開いてしまうことがあることに気付きました。また、B教諭は一人ひとりが発言する場面や考える場面を取り入れることで、全員が授業に参加できるようにしていることに気付きました。そこで、当初設定した「子どもたちが夢中になる授業」という目標も、「全員が授業に参加できる授業」という形で、具体化することができました。

（3）抽象的概念化（課題解決の方法を見いだす）

　目指す授業像に近づくために、自分が実際どのようなことに取り組めばよいのかを考えていきました。そして、メンティは次のような方法を考えました。

・教師の説明を簡潔に分かりやすくする。そのために短冊などを用意しておき、授業の中で活用する。

・1時間の授業で子どもたちが主体的に参加できるようにするために、一人ひとりが活動する場面と、全員で考える場面を意図的に取り入れる。

・子どもが話し手に目と耳を傾けて聞けるようにする。そのために、教師が発言する子どものそばへ移動したり、全体に話すときには黒板の前に立ったりするなど、教師の立ち位置を工夫する。

　学んだことを実際に自分にどう生かすかという部分をじっくりと考えることが重要であると考えます。メンタリングだからこそ、この時間をしっかりと確保することで、一人ではなく対話を通して丁寧に考えることができます。

（4）能動的実験（やってみる）

　継続的に取り組んでいた国語の授業実践において、メンティは課題解決の方法として、教師の説明を簡潔にすることや、短冊などを用意して視覚的に分かり

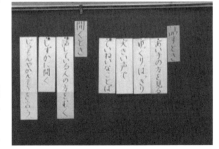

視覚的な工夫を試みた板書

31

やすい教材を準備するなどして授業に臨むことができました。授業における子どもたちの反応から、タイムマネジメントや子どもたちのめあての到達度をもとに、その手立ての効果を実感することができました。さらには、B教諭だけでなく、他の先輩の授業も見に行きたいという意欲が高まり、メンタリングの場としてでなくても自ら授業見学し、学ぶ姿が見られました。

・・・・・・・・・・・4．取り組みのポイント・・・・・・・・・・・

　継続的に取り組んだ1対1のメンタリングの効果と、それらをもたらす取り組みのポイントにはどのようなことがあったのでしょうか。

(1)「自分で気付くこと」がメンティの課題意識の高まりに

> 　今まで自分を客観的に見ることができていなかったので、自分自身の課題と向き合う良い機会になりましたし、子どもとの関わり方や声のかけ方も以前より意識するようになったと思います。　　　　　　　　　　　　（メンティのメンタリングへの感想を抜粋）

　誰かに課題を指摘されても、時と場合によっては腑に落ちないことがあるかもしれません。ですが、客観的な視点をもとに、自分で自身の課題を見付けることにより、納得した上で課題解決に向かうことができることでしょう。そのため、遠回りに思えても、「自分で気付くこと」を大切にして取り組みました。そのサイクルを継続していくことで、より自分を振り返る力が高まっていきます。メンタリングの後半ではメンティ自らが「授業をやっていて思ったんですが…」と課題をとらえ、授業を振り返られるようになっていきました。さらに、メンタリングを終了した後も何か分からないことがあると、周りの教師に「先生はどのようにされていますか？」と尋ねたり、子どもの授業の具体的な姿について語り合ったりする様子が見られるようになりました。そして、他の教師とのコミュニケーションを積極的にとるようになっていきました。

(2)「自分で考え実践する」ということの大切さへの気付き

> これまでも先輩のご指導や授業研で学ぶ機会もあったんですが、自分にはまだ難しいなって思うものもあって。でも、メンタリングでは自分自身で解決方法を考えて、自分ができることの中で取り組みを決めていけるので、実践しやすかったです。
>
> （メンティのメンタリングへの感想を抜粋）

1対1のメンタリングが校内の授業研究会と異なる点は、自分自身でじっくりと課題解決の方法を考える場が確保されている点です。そのときに、メンティの考えを肯定的に受け止めたり、視点を広げたりするメンターの存在が、そのメンティの「自分で考え実践する」という取り組みをより強化していくことができます。「自分ができることの中で取り組みを決めていくと、取り組みやすいんだ」という経験を通して、今後の授業づくりにも大きな効果をもたらすことが期待できます。そして、自分で実践したからこそ、それが効果的でもそうでなかったとしても、大きな手応えを得ることにつながるのです。

(3)「フィードバックの場」が確かな自信と意欲に

> 課題はもちろんですけど、よいところもたくさん言っていただいて、自信につながりました。明日はもっと頑張ろうとか、チャレンジしてみようっていう意欲が持てました。一生懸命考えた授業は、自分もやっていて楽しいなって思いました。子どもも「またあの授業やりたい！」といってくれて、うれしかったですね。（メンティのメンタリングへの感想を抜粋）

これらの言葉から、授業改善への手応えを感じて意欲が高まっている様子がうかがえます。また、「授業力をさらに磨きたい」という思いから、自ら特活の授業を校内で公開しました。多くの教員が授業を参観し、メンティは授業後に感想をもらいました。自分

授業の感想をもらうメンティ

が取り組んだことへのフィードバックをもらえることで、さらに自信につなげていました。そして、変化したのは授業に関することだけではありません。会議の際にはすすんで記録役を担ったり、研修の中で発言したりする姿が見られるようになりました。地域や保護者の方からも、「子どもへの説明が的確でとても分かりやすいですね。」と声をかけられるなど、メンティの変化が周りの人の目にも映っていたようでした。

・・ 5. おわりに─互いが学び成長し合える仲間を目指して─ ・・

　メンタリングに取り組む中で、メンティだけでなく、メンター自身も新たな気付きを得ることができました。対話を通してメンティがどのようなところに困り感を持っているのかが分かり、自分にはなかった視点を得ることもできました。共に子どもを育てていく立場として、多角的な視点で考え、学び合う仲間であるという意識が次第に芽生えていきました。そして、メンティの成長がメンターの喜びとなり、メンター側の内面的な成長を促すものであることを実感しました。

　メンタリングが組織の公的な取り組みとして設定されていないところでは、メンタリングの時間の確保が難しい場合もあるかもしれません。しかし、その場合には、例えば、教育実習生への指導や学年主任が日頃の学年研で意識して取り組んだりすることも考えられます。また、コーディネーター等の立場から誰かに助言する際にも活用できるかもしれません。

　まずは日常的な取り組みの中にメンタリングのエッセンスを加えて、1対1のメンタリングに取り組んでみてはいかがでしょうか。

（玉虫　麻衣子）

〔参考文献〕
・中原淳（2014）駆け出しマネジャーの成長論. 中公新書ラクレ, 東京
・鹿毛雅治・藤本和久編著（2017）「授業研究」を創る：教師が学びあう学校を実現するために. 教育出版, 東京
※本実践は、平成30年度に筆者が在籍していた横浜国立大学教職大学院での研究の成果を実践向けに加筆修正したものです。

実践編

《実践事例 2》学習指導案の作成
―教師が成長し合う「学習指導案の協働作成」―

・・・・・・・・・・・・・ **1. はじめに** ・・・・・・・・・・・・・

　教師の大量退職により、長年の経験から養った「技」を持っているベテランの割合が各学校で少なくなってきており、先輩から若手への知識・技能の伝承が難しくなっています。また、近年求められている「働き方改革」の一環により、業務の見直しと効率化が進み、教員同士の職場外での関わりだけでなく、職場内での関わりも減ってきています。このような中で、人数割合の少ないベテランの知見・技を若手に伝えることや同僚同士が知恵を出し合って学び合う機会を持つことをどのように確保していけばよいのかを考えていきたいと思います。

・・・・・・・・・・・・ **2. 実践の紹介** ・・・・・・・・・・・・

(1) 実践の概要

　上記の課題を解決するために、「同僚同士による協働での学習指導案作成」を提案します。一般的な授業研究では授業者が学習指導案を作成し、それを複数人で検討するところから始まります。この「授業者による本時案指導案作成と指導案検討」の部分を「協働での学習指導案作成」に置き換えます。従来の流れでは**図1**のように、授業者が一人で指導案を作成します。その際に同僚に相談したり、過去の指導案を参考にしたりすることはありますが、ほとんどの作成過程は授業者に委ねられ

ます。

　この方法においては、授業の上手な教師や経験を積んだ教師が、どのような手順で、何に気をつけて1時間の授業の計画を立てていくかを知る手だてや機会もなく、そうしたことを知らない授業者は、手探りで作成していくことになります。このような作成のプロセスを、協働の形態で行うことで、今まで見えなかった教師が持つ「技」の詳細が明らかになり、関わった作成者たちがそこから学べるようになると考えられます。

一般的な展開	指導案作成（単元計画・本時案）→ 指導案検討　　→授業提案→事後協議会
提案する展開	指導案作成（単元計画）→ 協働指導案作成（本時案）　　→授業提案→事後協議会

図1：授業研究会のプロセス

　協働での指導案作成では、授業展開を話していく「話し役（リード役）」と「記録役（記録をしながら話し役に質問をします）」に分かれ、**図2**のように対話をします（詳しい方法は「3．取り組みのポイント」で説明しています。気になる方は先にそちらをご覧ください）。協働で指導案を作成することで、単に指導案が出来上がるだけでなく、教師間で多くのコミュニケーションが生まれ、「授業設計の仕方や児童の見と

	話し役（リード役）	記録役
指導案 作成前	本時目標と最初の発問のみを考える。	事前準備なし 話し役に対して「なぜ？」と「意見」を言うように指示
作成中	授業展開・意図・目指す子ども像・日々の対策を提示・説明 返答・新たな提案 返答（承認・非承認）新たな提案（記録役に質問する場面もある）	質問「なぜ・・・？」や提案 理解度の確認 具体的場面の確認 説明
	以下これらの繰り返し 互いに適宜、図や表で書き示しながら作成する	

図2：協働作成のモデルケース

り、または予想される児童の反応やそれへの対応の仕方、そして各々の教師が大切にしている教師観」に触れることができます。「協働指導案作成」の具体的な説明に入る前に、実際に「協働指導案作成」を経験した教師の感想を紹介します。

①4年生担任　学年主任　研究推進者

「めちゃくちゃ役に立った。自分では気づかないところに客観的に気づけるから、理解が深まったよ。」

②4年生担任　今年度着任　教師3年目

「言葉の説明だけだと、なんとなく分かった気がしていたけど、自分で書くので頭が整理されます。気づきが多く相談もしやすいしすごく助かった。取り組むと子どもたちも成長するんだなあって思いました。」

③1年生担任　学年主任　経験30年超のベテラン

「すごい、いいかもしれない。みんなでやると気持ちが明るくなる。自分の勉強にもなる。一緒に考えられるし、深まる。」

④個別級担任　経験30年超のベテラン

「最初、暗中模索。広がったり、定まったりした。深まったって言っちゃおかしいけど固まった。最後に。はっはっは。」

　このように、協働での指導案作成に取り組むことで、それぞれに違った発見があったことが分かります。

(2) 具体例

　ここでは「協働指導案作成」の具体例を紹介します。4年生の社会科で江戸時代における「新田づくり」に関する授業で、新田づくりが庶民に与える影響を考えます。最初に、「協働指導案作成」後の最終的な指導案を**図3**に示します。すべてのやりとりを説明すると長くなってしまうため、ここでは、指導案の学習活動5「報告を比べて…」の「指導の手だて」を作っているときのやり取りを紹介します。ここは、江戸時代の新田開発が庶民に与えるプラス面とマイナス面を考えるところです。以下、話し役（リード役）が新しい気づきを得た、実際のやりとりです（**図4**）。このように、話し役（リード役）が言った「マイナス面」というとらえ方が、「記録役」の言葉によって、本人の学習イメージに合う言葉に置き換えられました。「話し役」は自分では気づかなかっ

指導案（4年生）

本時の目標

　横浜を発展させた<u>もの</u>のプラス面とマイナス面を比較したり、自分たちの報告と他のグループの報告を関連づけたりすることを通して、力をつくした人々の思いを考えることができる。

本時の展開（15/17）

	学習活動	指導の手だて（○担任　★学校司書）	評価規準<評価方法>　思考スキル（◆）　司会等の動き
1	本時の学習問題を確かめる。		

> **報告を比べて、横浜を発展させた<u>もの</u>に力をつくした人々の思いを考えよう**

	学習活動	指導の手だて（○担任　★学校司書）	評価規準<評価方法>　思考スキル（◆）　司会等の動き
2	学習の進め方を確かめる。　先生から　グループで　みんなで　先生から　ふり返り		司会：進行する（指名）　副司会：板書整理　司会：めあてに戻す。
3	グループで短冊に書いたプラス面・マイイナス面を整理する。		
4	自分たちのテーマについて報告する。		
5	<u>報告を比べて、人々の思いを考える。</u>	○マイナス（苦労した）面もあるのにどうやって進めたのかな？　○思考スキルの良かったところ（具体的にできていた、比較・関連させていた子）を認める。	司会：全体の意見の似ているものを関連させる。（短冊を近づける）　副司会：短冊に子どものまとめを書く。　司会：まとめをする。
6	先生から		
7	ふり返り	○人々の思い（力をつくした理由）について書くように伝える。	

図3：4年生 社会科指導案

たところに気づき、積極的に変更することができました。

次に「記録役」の教師が「話し役」の考えた展開の意図を汲み取り、先輩から学ぶことができた場面の例です。指導

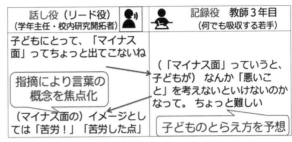

図4：協働指導案作成　4年生 実際のやり取り

案の学習活動5「報告を比べて…」の「学習展開案」を作成しています。「記録役」は「話し役」が言ったことを復唱しながら頭にイメージし、用紙に記録していきます（図5）。「話し役」が言ったことを声に出しながら一つ一つ確認して書くことで「記録役」は内容をゆっくりと確認することができます。また、「話し役」も「記録役」の理解が本当に合っているかを確認することができます。このプロセスに「話し役」の授業の意図や技が現れ、それを「記録役」が学べる機会が発生します。

(3) 実践の成果

「協働指導案作成」を行うことで、以下の成果が確認されています。

・「アイデアの創発」が起こること：ベテランとでも若手同士でも知恵を出し合って学び合うことができます。

・「教師観の伝達」ができること：ベテラン教師が身につけた知見（子どものとらえ方・学習支援の仕方・状況に合わせた授業展開の仕方・教育に対する個別の価値観）を若手教師に自然な形で伝えることができます。

・「作成した授業展開を深く共有」できること：完成形の指導計画のみならず、そこに至る過程やその意図まで共有できます。それによって、同僚と授業づくりの話をする機会が増え、互いの状況を把握しやすくなります。

・「指導案を作ることに対する精神的な負荷が少なくなる」こと：同僚と一緒に指導案を作ることで、指導案作成が孤独な作業ではなくなります。

・「働き方改革の趣旨に沿いながら効果的な教師教育の取り組み」ができること：こ

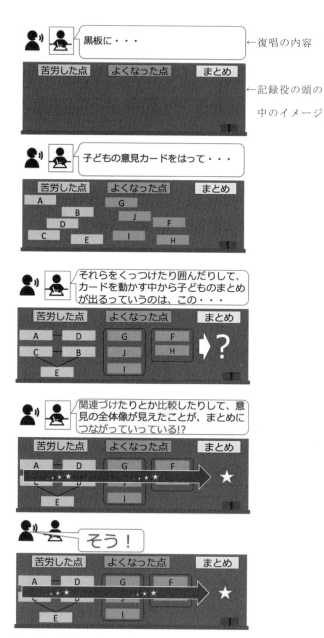

図5:「記録役」の教師の気づきの流れ

れまでの校内研究の流れを変えることで、質を上げながら時間を短縮することができます。

・「出来上がった指導案に対する納得感が強くなる」こと：互いのアイデアを盛り込み了解しながら作っていくので、たとえ自分の考えが修正・却下されても、納得しながら作り進めることができます。

　協働での学習指導案作成は、日本の学校文化にとても合っています。日本の学校文化とは、「互いに助け合う文化」「教師が経験してきた高い教育レベル」「子どもの成長を第一に考え、授業をもとにして学級を作っていこうとする文化」を指します。

　実際に筆者が自校で取り組んだ結果、本取り組みは同僚の教師たちにすんなり受け入れてもらえました。教師にとって、学習指導案は作ったことがあるし、常に他の教師と協力して仕事をしています。つまり、協働での指導案作成という取り組みに含まれている要素は、これまでに学校文化の中にすでに存在するものだということが分かります。違いは、要素を組み合わせて公式に全体で実施したことだけです。

　このような取り組みが、なぜ今まで一般的に行われてこなかったのかについては、おそらく「重点研＝指導案検討からスタート（指導案は自分で作ってくる）」という先入観があったからではないでしょうか。あらかじめ決められた日時の指導案検討会までに個人で指導案を作り、検討の時間が始まると参加している先生たちに指導案を配り、改善案をもらう。これがいわゆる「当たり前の流れ」になっています。しかし、学校が抱えている複数の課題を解決していくためには、今までの当たり前を疑ってみることが必要となるでしょう。

　教師教育において、OJT（学校現場での学び）の割合が非常に大きいことは今も昔も変わりません。先生たちが持っている知見は宝の山です。それを学校内で共有・活用しない手はありません。互いに教え、教えられるきっかけを作ることで、個人の宝が全員の宝となります。

　今回の提案は、これまで大切にしてきた学校文化を損なうことなく、すでに行っていることを組み替えた小さな変革です。しかしその変革が大きな効果を生むことを示したほんの一例です。

・・・・・・・・・・3. 取り組みのポイント・・・・・・・・・・

　ここでは、「協働指導案作成」のやり方について、事前の準備から指導案作成までを時系列に説明します。協働での指導案作成は、事前準備なしで「話し役」と「記録役」に分かれて実施しても一定の効果を得ることができます。しかし短い時間で高い効果をねらうには、事前の準備と作成中のいくつかのポイントを押さえる必要があります。

　事前の準備として、運営側（校内の管理職や研究主任等）の準備と協働指導案作成者側の準備があります。運営側は、協働作成者（二人組または三人組）の人選をし（意図的な人選をします）、「話し役」と「記録役」を決めておきます（学んでほしい教師を「記録役」にします）。うまくいくコツとして、児童主体の学習が上手な教師がいる場合には、その方を「話し役」に任命します。そして、協働指導案作成の日を事前に告知し、作成者に協働指導案作成者側の準備内容を知らせます。協働作成者側（「話し役」）の準備は、「単元全体の大まかな流れ」「本時の目標（本時のゴール）」「最初の発問（本時のスタート）」を考えてくることです。それ以外の細かい学習の流れは当日に作り上げるようにします（本時展開は事前には考えないで協働作成に臨みます）。

　協働指導案作成当日に用意する物としては、指導案記録用紙（A3サイズがよい）、鉛筆、消しゴム、教科書等の学習資料などが挙げられます。指導案記録用紙はA3サイズにします。それは、ペアで見やすくするためです。使用する指導案枠はできるだけシンプルで余白が多いものが適しています（図6）。また、各学校で力を入れたい項目は事前に枠内に記載しておくとよいです。座席の位置は、「記録役」と「話し役」は横並びを基本とし、三人のときはもう一人がアドバイザーとしてサイドに座るようにしましょう。記録用紙は、「話し役」と「記録役」の間に置きます（図7）。

　本時案の作成時間は60分間（±10分間）が目安です。時間がきたら、終えるようにしてください。時間内に収まるようにするために、まずは全体の学習展開（大まかな流れ）を話し、その後に各部分の詳細について話し合うとよいです。話合いの際は、最初の10分間で単元全体の構想を共有してください。また、「話し役」が本時の学

習展開を主に話してください。「記録役」は「話し役」の言ったことを小さい声で復唱しながら、手書きで指導案記録用紙に記入してください。「記録役」は「なぜ」をたくさん問うてください。なぜの答えがわかっている時でも、とりあえずたくさん聞いてみてください。それにより「話し役」の発話を引き出すことができます。「記録役」が適宜アイデアを出しても全く構いません。参考のために、やり取りのモデルを**図 8** に示しまし

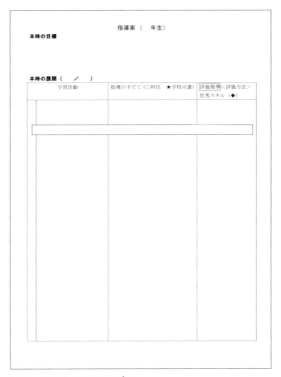

図 6：指導案の枠サンプル

図 7：指導案作成時の参加者の配置

教師の役割	話し役（リード役）	記録者
指導案作成中	授業の展開と設定の意図を提示・説明を詳細にしていく。また、児童の実態を基にした「めざす子ども像」や、それに向けた日頃からの授業改善（対策）についても言及。その学習展開・手立てが必要な理由も説明する。 「まず・・・して、次に・・・。その意図は・・・。子どもの思考の流れを予測すると・・・」 説明・返答・新たな提案 「確かに！」「そういう、方法もあるね。」「そうすると、△△という方法もできそうだね。」「別の言い方をすると・・・。」 賛同または、修正意見	相手が言ったことを、すぐに指導計画記入シートに声に出しながら書く。 （書くことによって相手の頭の中を追体験できる。） 「まず、・・次に・・、その意図は・・・」 質問や提案を適宜入れる。分からないことは、立ち止まって問う。 「なぜ・・・？」「・・・はどうですか。」「・・・が分かりません。」 それを受けての質問や提案をする。 「ここでは、やっぱり○○のほうがいいのでは？」 ＜以下、やり取りが続く＞

図8：協働での指導案作成時における「話し役（リード役）」と「記録役」のやり取りのモデル図

た。

実践がうまくいくコツとして、学校の研究テーマに沿った「1時間の学習展開」があると作成がスムーズです。例えば、**表1**のように1時間の学習の流れを下記のように決めます。

順番	内　容
①	本時のめあての確認
②	課題に対する教師の説明
③	個人でのワーク（一人で課題解決）
④	グループでのワーク（個人の意見を共有または、グループでの課題解決）
⑤	全体でのワーク（解決方法の共有または、全体での問題解決）
⑥	教師からの価値づけ
⑦	児童のふり返り

表1：1時間の授業展開のフレーム

作成の際、注意すべき点として、作成中の話合いの内容が、「活動」を何にするかということに終始すると、作成に多くの時間がかかり、その割に深まりがみられないことが多いということです。また、協働作成する「目的」を明確にするとよいです。目的によって、人の組合わせが変わります。例えば、アイデアの創発が目的なのか、教師観の伝達なのかを考慮します。

指導案作成後は、協働作成した指導案をもとに、作成に関わった教師が皆、その指導案の授業を実践すると、同僚間のコミュニケーション量も増え、学びも深まります。

（尾澤　知典）

※本実践は、平成29年度に筆者が在籍していた横浜国立大学教職大学院での研究の成果を実践向けに加筆修正したものです。

実践編

《実践事例 3》校務分掌
―学校行事のマネジメント支援―

・・・・・・・・・・・・・ 1. はじめに ・・・・・・・・・・・・・

(1) 校務分掌を「マネジメントする」とは

　「マネジメント」とは、「組織・集団をより効率的に運営（やりくり）していくこと」と捉えることができます。学校現場では、実際、教員は様々な集団をマネジメントしています。その対象は学級・学年生徒の集団、委員会活動の集団、はたまた学校行事等において全校規模の集団であったり、多種多様です。もちろん生徒だけでなく、チームとして共に子どもたちに関わる教員へのマネジメントも重なってきます。教員としての経験年数が増えていくにつれ、そのマネジメントすべき集団の種類はより拡充され、多面的なものとなっていきます。ここでは、その雑多な校務分掌に着目し、その「マネジメント」を支援する一つの実践を記します。本実践は中学校において実施したため、中学校に焦点を当てて話を進めていきますが、小学校、高校等でも参考になると思います。

(2) 組織マネジメントの発想を取り入れる背景

　近年、学校に組織マネジメントの発想を本格的に取り入れるきっかけとなったのは、平成 12 年 12 月 22 日「教育改革国民会議報告―教育を変える 17 の提案―」です。その 17 の提案のうちの一つに、「学校や教育委員会に組織マネジメントの発想を取り入れる」と明記されています。ところが、実際、学校現場で組織マネジメントの考え方が浸透し、それにのっとり、マネジャーが育成されているかというと、必ずしもそうで

はありません。

（3）なぜ組織マネジメントの発想が教育現場に必要なのか

　ではそもそもなぜ、学校現場において教員に組織マネジメントの発想が求められているのでしょうか。伊藤・柴田（2014）は、中学校の組織的特徴として、「教科担任制を基盤とした学年組織、校務分掌としての委員会組織等によるマトリクス組織である」ことを指摘しています（**図1**）。

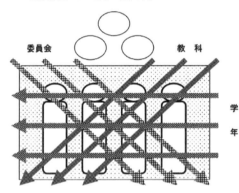

図1：マトリックス（格子状）組織（文部科学省
　　　2005）

　中学校教員は、所属する学年団の一員としての仕事があり、また日々授業に向き合うべく教科としての仕事があり、かつ生徒の自治活動を支える委員会等の仕事があります。特に小規模校が増加してきている昨今、ひとりの教員に任される校務分掌は多種多様です。つまり中学校教員には、『**学年内外との様々な関わり合いを持ちながら、マネジャーとして雑多な校務分掌をマネジメントする力**』が必要です。

　とはいっても、教員にはそれぞれの立場があり、それぞれの教育観があります。そうした違いのある教員たちと関わるので、そのマネジャー（教員）自体のマネジメント力が高ければ、分業や知識の創造といったプラスの面が創出され、協働性の発展につながっていきますが、マネジャー自体のマネジメント力が低い場合、個々の教員の孤立感や多忙感が高まり、議論自体がまとまりのないものとなり、組織の崩壊へとつながりかねません（**図2**）。また、経験年数が増えていくにつれ、マネジャーがマネジメントしなくてはならない集団の数（同僚、生徒とも）が増えていくのは必然です。

　では単純に教員を組織の最前線に立たせれば、自然とマネジメント力が向上していくのでしょうか。中原（2014）は、マネジャーを組織の最前線に立たせるのならば、それに対する支援を組織側が提供しなくてはならないとしています。しかし、例えば、学

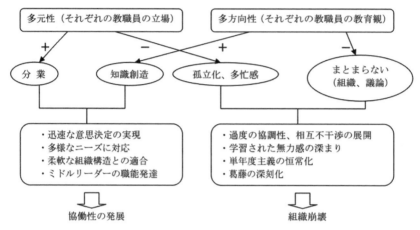

図2：学校の組織特性（文部科学省，2005）

校現場の OJT (On-the-Job Training) において、マネジャーとしてどう校務分掌等を企画・運営していくかという視点はあまりありません。中学校現場ではよく、若手教員に「とりあえずマネジャーとしての役割の仕事を割り振って、一つのプロジェクトを運営させてみればよい」という安易な考えもあります。仕事を任せられる側としては、十分な説明もなく、考える道筋も示されないようでは不安でしかありません。かつ、それで成果があがるかは未知数です。マネジャーへの支援が特にない中、チームとして動くことを求めるのはいささか酷です。組織マネジメントの考え方を取り入れたマネジャーの支援と育成が求められます。

（4）マネジメント力向上プログラムの開発

ここまでをふまえ、マネジメント力向上プログラムを考えます。特に、マネジメントの中の「計画する力」に焦点をあてます。計画とはプロジェクトの地図とルートとして一番上流にあるもので、計画がまずければ結果がうまくいくわけがないとの指摘があり（芝本 2017）、ここでは、マネジャーの「自らの行動の指標となる計画を作る力」を育成し、その後の実践、評価、改善につなげていき、PDCA サ

図3：PDCA サイクル

イクルを回していくという視点で考えたいと思います（**図3**）。

　本実践では、メンタリング（理論編を参照）において、開発したメンタリングシート（後述）を用いて、「計画する力」を向上させていきます。そして、その実施までを支援します。

・・・・・・・・・・・・・ **2. 実践の紹介** ・・・・・・・・・・・・・

(1) メンタリングシート

　メンタリングシートは、①要求理解、②現在の状況把握、③プロジェクト定義、④マイルストーン定義、⑤既知要因の把握、⑥新規要因の把握、⑦生徒の参画範囲、⑧チームメンバーへの役割分散の八つで構成されています（**図4**、**図5**）。各要素は、加藤（2007）、浦（2013）、中原（2014）、佐々木（2017）、芝本（2017）の考えや、その背景にあるプロジェクトマネジメントの知識体系 PMBOK（Project Management Body of Knowledge）を参考に項目を作成しています。⑦については浦（2013）の活動の対象範囲の思考を参考に、中学校現場独自の要素として追加しています。

図4：メンタリングシートの8要素

対話の中で計画をたて、先を見通すメンタリングシート（第2版）

1.要求理解　　　　　　　　　　　　　　　年　　月　　日（　）　作成者
1-1. プロジェクトのトップ（依頼者）は誰か＿＿＿＿＿＿＿＿＿＿＿
1-2. トップはどう考えているか

| ①【問題意識】何を問題としてとらえているか |
| ②【要求】どんなアプローチで解決するのか |
| ③【成果】どんな成果を見込んでいるのか |

2.現在の状況把握
2-1 昨年度のデータ収集と分析　□昨年度職員反省集計　□生徒反省集計　□昨年度プロジェクト運営データ
2-2 前任者に話を聞く

| うまくいったところ |
| 気をつけるべきところ |

3.プロジェクト定義（何を目標に、実際何をするのか）

| プロジェクト名 |
| プロジェクトの目的（なぜそれをするのか） |
| 目標（どうなったら成功か） |
| チームメンバー |

4.マイルストーン定義（ゴールから逆算して、いつまでに何を終わらせるのか）

➡

5.既知要因の把握（既に自分がしたことがあることは何か）

6.新規要因の把握（自分が以前やったことのない新しいことは何か）

7.生徒の参画範囲（何をどこまで生徒に委ねる範囲があるのか）

| 主に生徒に委ねること | | 主に教員が決定すること |

8.チームメンバーへの役割分散　（誰に何の役割をあたえるか）

図5：計画力向上を目的としたメンタリングシート

(2) メンタリングシートを用いたメンタリングの方法

シート上の八つの要素を、メンタリングの中でその一つ一つを順番にメンターが言及しながら、メンティの考えをひきだしていく形の対話をします。そしてそれと同時に、メンタリングシートにある空欄に、メンティが自らの思考を整理しながら書き込んでいきます。その際に、メンターはメンティの書いたシート上の文章を一緒に見ながら確認し、すすめていきます。メンターはメンティが最も不安を抱えていることに関する要素については深く対話するなど、強弱をつけてメンタリングを展開していくことが重要です。

(3) メンタリング対象者

筆者である藤本がアドバイザーとして実施した2ペアのメンタリングの実践を紹介します。1ペア目はメンターが経験10年目教員A（以下「メンターA」）、メンティが経験5年目教員a（以下「メンティa」）で、学校祭のブロック運営計画をたてました。2ペア目はメンターが経験9年目教員B（以下「メンターB」）、メンティが経験8年目教員b（以下「メンティb」）で、学校祭体育部門長として体育祭の運営計画をたてました（図6）。

図6：メンタリング実践図

(4) メンタリングシートを使ったメンタリング全体の運用の流れ

では実際にメンタリングシートを使ったメンタリングの運用を具体的にみていきましょ

う。次の**図7**は、このメンティの計画力を向上させる、メンタリングシートを使ったメンタリングの、計画段階、実践段階、振り返り段階について実際的運用の流れを図式化したものです。

　まずは計画段階において、メンタリングを行う前段階として重要になってくることは、メンターが計画8要素についてメンタリングシートを基に理解しておくことです。メンターが自らの実践を念頭におきながら、8要素について何をメンティと対話すべきなのかを理解しておきます。そして、メンティ自身がマネジャーとして抱えている不安の予測を行っておけると、どの要素を重視して対話をするのかも自ずと見えてくるはずです。

　具体的にメンティaについては、「今年度初めて、学校祭ブロックの3学年全体を動かす教職員のリーダーとして何をどうすればいいのか、ただただ不安で焦りがある」という状況でした。そこでメンターAはメンタリングシートの8要素に沿いながら進める中で、特に出だしの「要素1．要求理解」と「要素2．現在の状況把握」について丁寧に対話を始めていきました。その中で、まずは「このプロジェクト（学校祭）のトップは誰だろうか」という問いに対し、メンティaの返答が曖昧であることから、そもそも校務分掌の長の存在を意識できずにいたことをメンティa自身が認識することができました。そこでメンターAは、メンティaを実際に学校祭実行委員長の教員のところに行かせ、今年度学校祭全体の重視すべきねらいはどこにあるのかを把握させました。後に、メンティaは「1対1で校務分掌の長と話したことは今まで全くなかったので、自分が今年度どこを重視して動かしていけばいいのかが分かった」と語っています。その後、「要素2．現在の状況把握」では、前任者（昨年度の3学年担任ブロックリーダー）に話を聞くように促し、実際にその場で聞きに行かせ、ブロックリーダーとしてうまくいった経験と、気を付けるべきことを把握させました。

　この行動を通して、メンティaは、校務分掌の長や前任者等、周りの教職員（メンバー）に話を聞きながらプロジェクトをすすめる重要性について体得的に気が付くことができました。この件について、メンティaは、自身がマネジャーとして任せられたプロジェクトについての不安感や心配を独りで抱え込むのではなく、他者との対話の中でオープンにすることで、より質の高い活動へとつなげていける可能性を後に言及しています。

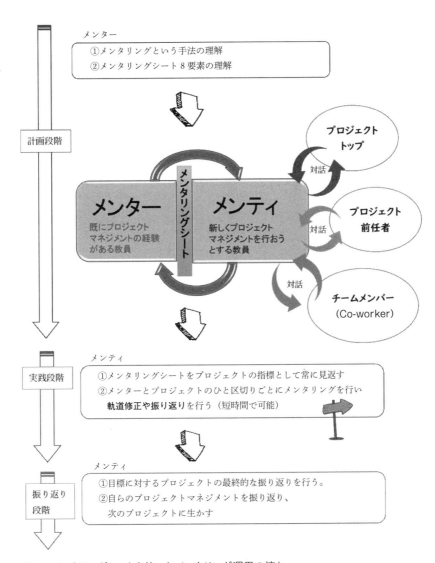

図7：メンタリングシートを使ったメンタリング運用の流れ

メンタリング内で重視すべき点は、「メンティとプロジェクトトップ（校務分掌の長等）、前任者、チームメンバーへの対話」を意図的に促すことです。筆者のこれまでの経験によると、新しくプロジェクトマネジメントを行おうとする教員ほど、計画時に視野が自分中心になる傾向があります。よって、プロジェクトはリーダー一人で考えて回していくものではなく、チームとして多角的な視点で考え、チームで動かしていくものであるという認識を持たせる必要があります。

　次に、メンティbの具体的なメンタリング内容について紹介します。メンティbは、初めての学校祭部門長の立場としてメンタリングを進めていく中で、「要素7．生徒の参画範囲」について、改めて自分自身を見つめ直す場面が印象的でした。メンタリングの中で、メンターBがメンティbに学校祭実行委員長の先生（トップ）が課題と捉えていることを聞きに行かせたあとに、メンティbが語った言葉が次のものです。

　「例えば学校祭であれば、当日の仕事にはそれまでの係り活動が必要なのですが、生徒の主体的な活動を教育の柱としているのにもかかわらず、それを職員が意識していないから、『去年必要なものはこれだったから、これと同じものあるかチェックして』とか言ってしまって、それはただの作業であり、全く主体的な活動になっていないのが問題だと（学校祭実行委員長の先生が）おっしゃっていました。自分の体育部門委員会や各係の進ませ方を振り返ったときに、どれだけそこが意識できていたかどうか考え直しました。『去年君たち部門委員だったから、やり方分かるよね。一緒だから』と言ってしまう職員と、『じゃあ、何が必要だと思う？』とか『どういうふうにやりたい？』と言う職員と、混在している状況で、委員会として動いているはずなのに、委員会にはなっていない。やっぱり根本は職員が、生徒の主体性を引き出したり伸ばしたりするために、作業として終わらせるような指示をするのではなくて、例えばそういう委員会の場でも、『何々委員会として貢献できることってなんだろうね』とかそれを考えてみようって、去年の活動を思い出してみて、『どういうふうにみんなしたい？』っていうことを全職員で共通して行うことが、一番の解決だっておっしゃっていて、もう一度この課題を念頭に置いた上で今後の活動を進めていきたいと改めて思いました。」

　以上の言葉から、トップの要求「生徒の主体性を意図的に引き出すこと」、そのためのアプローチとして「職員間の共通認識と行動が必要であること」、それにより「生

徒の参画範囲」をより広げていくことをメンティb自らの言葉でまとめて語っていることが分かります。

　また、メンティbがメンタリング内で一番現状との葛藤を吐露していたのは「要素8.チームメンバーへの役割分散」についてです。メンティbは次のように現状を語っています。

　「体育部門委員会を開いたときに、忙しいのはよく分かるのですが、体育部門の職員が来ないのですよね。私を含めて部門職員は10人なんですけど、実際よく来てくださるのって、まあ3名いればいいほう。僕はどっちかというと、そのことに対して、言い方を悪くしてしまうと、抱えこんでしまうタイプ、言えないタイプなんですよ。言って、愚痴をこぼすのもよくないなって思って。自分が見落としていることを見つけて拾ってもらえるのは、僕としては一番うれしいんですが、例えばそこにいてくださることによっていろんな利益が、生徒にとってもあるし、僕にとってもあるんですけど。でもなかなかそれがないのが現状で。」

　その葛藤に対して、メンターBは自らのマネジャーの経験上、共感的な姿勢を示しながらも、「ではどうすればその状況を変えていけるだろうか」とメンティbに投げ掛けました。それについて、メンティbは最終的には、職員会議や打ち合わせにおいて、流れや各部の進捗を教職員間で共有できるよう発信し続けていき、ゴールからプロジェクトを逆算的な思考でとらえ、役割を分散していく必要性について言及していました。リーダーといっても自分ひとりがプロジェクトを動かすのではなく、教職員と情報共有をし、役割を分散しながら常にプロジェクトを動かしていく重要性について、メンティbの意識の向上がみられました。

　次に、プロジェクトの実践段階においてメンティに求められることは、自らが記入したメンタリングシートを指標として見返すことです。計画とは指標であって、自分の現在の立ち位置や、プロジェクトの目標に対しての進捗状況を確認するために「使う」ものです。決して「計画したとおりに進めなければならない守るもの」ではありません。よって実践段階においては、メンティはメンタリングシートを見返しながら、メンターと折に触れて対話をし、軌道修正や振り返りができれば、プロジェクトの質は向上するでしょう。

最後に、プロジェクトが終結したあとの振り返り段階についてです。最終的には、自らがメンタリングシートに書いた目標について、プロジェクトマネジメントとしてどうだったかを振り返り、次のプロジェクトに生かしていくことが大切です。特に、自分がどうするべきか判断に迷ったこと等を思い起こし、目標に照らし合わせて振り返ることが大切です。

・・・・・・・・・・・3. 取り組みのポイント・・・・・・・・・・・

（1）メンタリングシート使用時におけるメンターの留意点

　計画段階において、メンター自身がメンタリングシートの使用法について事前に理解する必要があります。その負荷を軽減し、日常的運用につなげていくために、メンタリングシートを使って対話するときのメンターの留意点についてまとめました（図8）。メンターにとっても、メンタリング前にメンタリングシートのことを理解することは、自身の実践を振り返り、改めて学び直すきっかけにもなるでしょう。

　ポイントは、実践の背景にある思考の流れを明文化することです。開発したメンタリングシートは、マネジャーの計画段階での思考を unpack する（解いて中身を出す）ためのツールです。特にマネジャーが暗黙知で行っていることを「見て学ぶ」余裕は、残念ながら今の学校現場にはありません。また、中原（2006）は、初学者は熟達者の仕事の「どこに注目すればよいか」が分からないので、ただ見ているだけでは熟達者になれないとも指摘しています。よってその思考の流れを明文化し、その思考をシート上でメンティがなぞりながら体験していくことによって、「どこに注目すればいいのか」が明確になり、メンティの計画力向上を図ることができます。

　その中で、今までの経験や、職場状況において、8要素中どの要素が重要視されるべきなのか、メンティ自身が考えることができます。8要素の中から、自身のマネジャーとしての最も大きな不安に対する解決の糸口を見つけることができます。

　学校現場には、教員一人ひとりに組織マネジメントの発想への転換を促し、支援す

メンティ（プロジェクトの先を見通させたい人）と
メンタリングシートを使って対話する時の留意点

1．**メンティ自身に気づかせよう**
×メンターが、全て結論まで話してしまう
○メンティが自分の言葉で話すまで、メンターはぐっとがまんする

2．**メンタリングシート１枚をふたりで見あいながら、メンティに書かせよう**
×　メンティが何を書いているか見ないで、対話者はぼーっとしている
○　メンティが今の話をどう言語化して書いているのかを確認し、意識を共有する

3．**計画を作ったら終わりでなく、始まりである**
×　シートを書き終えたらメンティの机の奥底にしまわれ、二度と見ない
○　メンティの机のすぐ見える位置（または手帳）に配置させ、
プロジェクト進行中に常に振り返らせるよう伝える

計画は守るものでなく、基準として「使う」もの

図８：メンタリングシートを使って対話するときのメンターの留意点

ることによって、組織力・チームとして連携する力をより強くしていける可能性があるはずです。

（藤本　祐之）

〔参考文献〕

・伊藤文一，柴田悦子（2014）メンターを活用した若手教員のOJTについての一考察：中学校における組織文化に着目して，福岡女学院大学紀要，人文学部編，24：123-150
・加藤昭吉（2007）「計画力」を強くする　あなたの計画はなぜ挫折するのか．講談社，東京
・木岡一明（2004）「学校組織マネジメント」研修．教育開発研究所，東京
・文部科学省（2005）学校組織マネジメント研修～すべての教職員のために～（モデル・カ

リキュラム）https://www.mext.go.jp/a_menu/shotou/kenshu/05031101/001.pdf（参照日 2019.01.23）

・中原淳編（2006）企業内人材育成入門. ダイヤモンド社, 東京, pp.52-59
・中原淳（2014）駆け出しマネジャーの成長論. 中公新書ラクレ, 東京
・佐々木眞一（2017）トヨタの JKK 式 PDCA. 宝島社, 東京
・芝本秀徳（2017）誰も教えてくれない計画するスキル. 日経 BP 社, 東京
・鈴木安而（2018）図解入門　よくわかる　最新　PMBOK 第 6 版の基本. 秀和システム, 東京
・浦正樹（2013）「実行」に効く計画の技術. 翔泳社, 東京

※本実践は、平成 30 年度に筆者が在籍していた横浜国立大学教職大学院での研究の成果を実践向けに加筆修正したものです。

座談会

若手教師を支援する先輩教師のホンネ

横浜国立大学教育学研究科高度教職実践専攻准教授…**脇本健弘**

帝京大学大学院教職研究科専任講師………………………**町支大祐**

横浜市立緑園東小学校教諭……………………………………**尾澤知典**

横浜市立南太田小学校主幹教諭……………………………**片桐大樹**

横浜市立上大岡小学校教諭……………………………………**玉虫麻衣子**

相模原市教育委員会学校教育課……………………………**藤本祐之**

川崎市立宮内小学校教諭………………………………………**森綾乃**

横浜市立名瀬小学校主幹教諭………………………………**寺谷亘**

（肩書は座談会当時のもの）

脇本　今日はお集まりいただきありがとうございます。ご出席いただいた皆さんは、横浜国立大学の教職大学院の修了生になります。横浜国立大学教職大学院では、メンタリング実習というのがありまして、現職の院生の方は所属校の若手教師にメンタリングを行っています。今日は、そのときの経験や、教職大学院修了後の後輩との関わりについてお話をうかがいたいと思います。よろしくお願いします。

脇本健弘氏

1対1で若手を育てる

町支　最初に、それぞれの先生方のメンタリング経験について、お聞きしたいと思います。メンタリング実習や日頃のメンタリングの様子について教えていただけますか。

尾澤　私が1対1のメンタリングで行ったことは、授業づくりです。その中でも発問

づくりです。授業のゴールをどういう設定にするかということをメンター（私）、メンティ（相手）で一緒に考えていきました。

尾澤知典氏

はじめ、（メンティの）ゴールは、ふわっとしていました。例えば「図書館で本を調べる」とか、「楽しく活動する」とか。それだと、本時の狙いがシャープにならないので、それをシャープにするために、子どもの思考の仕方にもとづいて考えました。例えば何かを比較するとか、原因と理由を考えるとか。そういう言葉は実際の発問としては直接は使いませんが、ただ単に「しよう」という、活動ベースのゴールではなく、子どもが思考できるような発問をつくるメンタリングを行いました。

行ったことは、メンティが考えた発問を、メンターと一緒に練り直していくことです。その練り直しの中で、メンターはいちいち指示をせずに、メンティ自身が自分で考えられるようにしました。そのために、大きい模造紙を4枚くらい使いながら、なぜその活動を子どもがするのか、それをすると子どもたちにどういう効果がありそうか、ということをどんどん書いていきました。その中で、メンティが自分自身でどのように授業を進めればよいのかつかみ取っていくといった活動をしてきました。

それを3回、4回くらいやっていく中で、メンティの発問の言葉のセレクトがずいぶん変わってきました。ただ、自分と一緒にやっているときは、授業のゴールが子どもの思考ベースのものにだんだん絞られていくのですが、いざ、メンティ自身でやっていくと、やはり元に戻ってしまうのですね。忘却曲線ではないですけれども、元に戻ってきたらちょっと刺激を与えて、また元に戻ってきたら……というふうに、繰り返しました。

もちろん最初は、集中的に、1週間分の授業目標を一緒につくりましたが、その後は、45分とか、10分とか、一瞬声を掛け合うとか、本当に短い時間で行いました。そういったものでもずいぶん変わってくるので、1回1回のメンタリングの時間を空けて何回か繰り返していくことが必要かなと思います。

森 私も、どのような発問や学習活動をしたらいいのかというところを、メンティと考えました。メンティの発問が、「どういう考え方かな、はい、じゃあ発言」というような、

いつも同じような流れだったので、そこで少し間を空けたり、相談タイムを作ったりとか、他のやり方を一緒に考えました。あとは黒板だけではなくて、子どもたちも書けるようなボードを使っての発表や、テレビに映し出してやってみるとか、ICTなどを使って子どもたちの目がそこにいくようにしてみようということで、いろんなものを使ってやってみました。のぞかせてもらう度に、そういうものを使ってやっているので、子どもたちがみんなで練り上げたというような場面が、増えてきたと、本人も言っていましたし、私もそう感じていたところです。

森綾乃氏

　今では時々しか見に行けないですけれども、本当に上手にタブレットに映したりしてやっているので、役に立ったのかどうか分からないですけれども、少し継続してできているのかなと、遠くから見ています。

　片桐　僕がメンタリングの中で最初に取り組んだのは、45分の授業の中で、何をその時間の目標にしていて、その授業の結末はどういうふうに着地するのかといったところを明確にもって、授業をしていこうというところから、始めていきました。

　「そういうことをしていこう」ということを最初にメンティの先生と共有して、授業が終わった後に、「じゃあ今回どうだった?」というように、内省を促すように進めていきました。そして、尾澤先生と似ていますが、一つずつ改善をしていくような形で、少しずつ段階を踏んでいくようにしていきました。

　今は、その先生が3年目になるんですけれども、やはり若手の成長って早いんだなと実感しましたし、その先生が初任だったころ、関わりをもててよかったなと思っています。

　寺谷　私の場合は、メンティになる人が、臨任教諭の2年目の先生でした。

　というのも、初任の先生に対しては、指導教官による指導がありますが、臨任の先生には、そういう制度がなく、

片桐大樹氏

誰にも指導されないまま、1年目を過ごし、2年目を迎えました。昨年も今年も担任を持っているのだから、子どもたちはそこにいるわけです。ですから、子どもたちに対してきちんとした教育ができるように、臨任の先生をみました。

「自分の中で課題は何だと思う？」ということを、引き出してみると、「授業が一斉指導に偏り過ぎている点が課題かな」という発言がありました。そこで、「だったら、それをどういうふうに改善していったらいいと思う？」と問いかけ、自分なりの考えを出してもらいました。メンティが一つずつ課題を自分なりに設定し、その課題に対して手だてを打ち、

寺谷亘氏

それに対してまた次はどうしていくというのをずっと繰り返しやっていきました。

玉虫 　私には、メンティが二人いました。一人は久しぶりの担任の先生で、実質2年目の担任だから、すごくモチベーションも上がってきているところだったので、彼女と一緒にメンタリングができてよかったなと思っています。私たちは、日頃授業をしていて、自分自身で授業を振り返って、次の時間の授業、次の日の授業と、改善を重ねていくと思うんですけれども、同じようにメンタリングを受ける期間が終わっても、自分自身で、授業を振り返って改善できる方法を身に付けていってほしいと思い、経験学習モデルを、取り入れながらやっていきました。

内容は、国語の一単元を授業づくり、授業参観、授業見学、振り返り。そのサイクルでどんどんどんどん回していって、算数もやりたいですということでしたので、算数もやり、最後は生活科もやりました。

結果的に本人のやる気がすごく上がりました。今年の様子を見ていても、授業に対しての意欲も高いし、例えば、学習発表会にもすごく熱心に準備に取り組んでいます。

そういうメンタリングをしている姿を他の先生が見ていて「うちの臨任の先生もお願い」ということで、臨任のもう一人の先生とも一緒にやりました。彼女との期間は、長くは

玉虫麻衣子氏

なかったのですけれど、彼女が自分の課題として感じていたのは、まず指導書の読み方から分からないということでした。具体的には、「どういうふうに指導書を見たらいいですか」といった質問がありました。他には、研究授業での授業の見方で、「皆さんどういうふうに授業を見ていますか。どこを見たらいいんですか」といった悩みがありました。こちらは一緒に授業参観をして、「今どう思った」とか、「あの授業を見て思ったことはある?」「私は、こう思った」とか、そういうやり取りをしながら進めていきました。そうすると、授業の見方も身に付いていきました。

　藤本　私はもともと中学校の英語科です。去年行ったメンタリング実践は、校務分掌に焦点を絞りました。なぜ校務分掌にスポットを当てたかと、よくよく考えてみると、私自身が教員になって3年目から5年目あたりに一番ヘルプが欲しかったのがそこだったんです。

　ですので、去年の1対1のメンタリングでは、校務分掌に絞って取り組みました。メンティの計画力をあげるためのメンタリングシートを作って、メンティと一緒に考えながら行いました。自分が今年度担当する校務分掌の、その前の年の取り組みはどうだったのかとか、そもそもその校務分

藤本祐之氏

掌の目的や狙いは何なのかとか。例えばメンタリングシートを使いながら、「その校務分掌の長が考えている主な狙いはどこなのか」ということをしっかり明文化させます。それにより、何がポイントで、どこを見なければいけなくて、最終的にどうなったら成功なのかということを、ちゃんと道筋を立てて、一緒に考えていくことによって、その校務分掌のマネジメントを仕上げていくという形でメンタリングを行いました。

　とはいえ、メンタリングをする中で、やはり言いたいことは山ほどあって、何をどこまで言おうかなと思いながら、一つ一つ絞りながら、進めていきました。なかなか難しかったですけれど、先日そのメンティに会ったときに、「あのときに、こんなふうに計画してやっていくのが大事なんだなってすごく感じました」とは言ってくれましたので、メンタリングを行ってよかったと思っています。

　脇本　ありがとうございます。いろんな取り組みがあったと思いますが、テーマがホ

ンネということで、ここからは、メンタリングをしていて大変だったということを議論できればと思います。

メンティへ関わることの難しさ

片桐　僕がメンタリングで一番難しかったことは、初任の先生が自分から内省することを促さなければならない場面で、待っていられなかったことですね。

授業を見学して、「どうだった？」と本当は聞かなければならないと頭にあっても、「こうした方がいいよ」とか「なんでこうしないの」と言ってしまっていたことが、反省点ですね。

尾澤　学校の流れは速いから、タイミングを逃すと伝えられないですからね。

片桐　そうですね。内省させるよりも言っちゃった方が早いんじゃないかと思いましたね。というか言ってしまってましたね。教職大学院で「メンティにやってはいけない」と教わったことを、やってしまった感じですね。すごく反省してます。そういえば、教職大学院の授業でメンタリングゲームは今もやっているんですか？（メンタリングゲーム：メンタリングを体験できるシミュレーションゲームで、メンター役としてメンティに関わります。メンティに負荷を与えるとメンタルゲージが減っていきます。詳しくは『教師向けメンタリングシミュレーションゲーム「新米先生日誌」の開発と評価』という論文をご覧になってください。上記タイトルで検索すると読むことができます）

脇本　やっています。

片桐　メンタリングゲームでは、うまくそのメンタルゲージを減らさないようにやっていたんですけれど、実際にはメンタルゲージを減らしてしまうような言い方をしてしまっていたというのが、自分の失敗だと思います。当時は、子どもの学びを大事にしなければいけないし、初任者のメンタリングも大事にしなければいけないし、そのバランスの中で、子どもの学びの保障の方を、僕はやはり意識していたんじゃないかと思います。

森　授業外でしたが、本当に子どもが困っていたときには、ついつい私も言っていました。（メンティ自身も）指示というか、先輩（メンターである私）に言ってもらうのを待っている状況もちょっとあったのかなというのは、メンタリングをして感じましたけれど。

玉虫　ノウハウのようなものですか？

森　そうです。授業の本質的なところとはまた別の。

玉虫　確かに、メンティは引き出しがまだないですからね。

森　そうそう。内省を促そうにも、分からない。授業はまたちょっと別かなと思いますが。

片桐　場面とか伝えたい内容によって、そういうことを考えると、どういう接し方がいいのかなと考えたりする。

森　考えなければいけないんだけれども、ついついやはり指示のところは、私も「こういう順序がよかったんじゃないの」とか、「こういうふうに言えばよかったね」と、押し付けのように言ってしまったなと。

片桐　ちょっと話題が変わりますけど、自分はメンタリングをするときに、初任の先生のクラスの後ろの方に座って、授業を見ていました。初任の先生もメンタリングで今日はこういうところという目標で進めていたので、一生懸命、授業の準備をしてくれていましたが、私が1日中後ろにいるので、目に見えないプレッシャーをかけないつもりではいるんですけど、「毎日大変だったろうな」というのがありますね。

初任の先生は見られているプレッシャーで徐々に消耗するでしょうし、そういうところは、もうちょっと気を付けられたのかなとは思います。

脇本　先輩の立場だと言いたくなる気持ちは分かります。分かってはいるけどやってしまうという難しさがあると思います。支援者としてのスタンスが問われるところで、子どもの成長、メンティの成長を総合的に見て考えていく必要があります。また、メンティが置かれている状況もあるかと思います。これだという唯一の正解はなくて、それぞれの場面でよく考えていくしかないですね。

他にありますでしょうか。

メンタリングにかけられる時間と工夫

藤本　私が難しいなと思ったのは、時間です。メンタリングに例えば30分くらい時間を費やすのは、かなり厳しいですよね。その時間に対する意味というか、価値があるかどうかというのは、大事だと思うんです。

少なくともメンティがその時間に意味を感じていなければ、その時間は無駄だと思うんです。メンティがその時間に意味を感じるのは、そのメンティのニーズに合っているということが大事だと思うんです。

　メンティがここで困っているから助けが欲しいということに対して、メンターがそれを語れるというか引き出せる人であって、メンティがこの30分には意味があったなと思えば、そのメンタリングは意味があったと思いますが、どんなにうまく引き出すことができていてもメンティが意味ないなって思っていたら、意味はないと思うんです。

　ニーズに沿うことが非常に大事。それに、このメンティをどうにかしてあげたいという周りの先生方からのニーズがあって、そのメンティ自身にも困りごとがあって、つまりニーズがあって、それらがうまく合致するとプラスになるっていうようなことなんです。

　あと難しいなと思ったのは、いかに引き出すか。どうやって、メンティに内省を促すか。どうしても教師という職業柄、こちらから言いたくなっちゃう。人から押し付けられるように言われたことはあんまりやりたくない。でも自分で言ったら、やらなきゃと思うので、そこはメンター側としてはうまくメンティの言葉を引き出していくべきなんですが、うまく引き出すには時間がかかる。そのバランスが難しいかなと思いました。

寺谷　時間について言うと、最初のメンタリングに2時間くらいかかってしまって。先ほどのニーズではないけれど、メンティから「こういうときどうしたらいいんですか」と聞かれたら、「逆にどうしたらいいと思う？」というような形で進めていると、結果2時間くらいかかったんです。

　メンティ自身は時間があるようでしたので、最初2時間で、その次も同じくらい時間をかけることができました。メンターとして嬉しい半面、「それってどうなのかな」と思うところもちょっとあって、そういうところで大変だったなというのはあります。今はだいぶ時間的には短くなってきましたけど。

藤本　ですので、私はシートを作りました。話が外れていかないように。大筋があって、特にメンティのニーズに合うところは、話を深めていくといった形で。

玉虫　時短って大事ですよね。私も毎回メンタリングをするときに、ホワイトボードに書いていたんですよね。毎回毎回ホワイトボードに書きながらやっていくので、「今日はここを焦点化しよう」というふうにしていました。また、そもそも授業計画の段階で、「今

回はこれをちょっと意識しようね」みたいなことがあります。しかし、授業を見ると、「これに気付いてほしい、これにも気付いてほしい」というのもいっぱいあるんです。でも「今日のポイントはここだから」と、時間で絞ることが、繰り返すことでだんだんできるようになっていきました。

ただ、「じゃあこれは次回に取っておこう」とか、「これは算数の授業づくりのところで意識できたらいいかな」という感じで、こちらが精査してしまっていた部分も結構ありました。

藤本　文字化して共有することは大事ですよね。

玉虫　すごく大事ですよね。あっちこっち行きすぎずにできるし。

脇本　いざ話し始めると、あれもこれもとしゃべってしまい、長くなりがちですよね。シートや文字化はとてもいいことだと思います。可視化するのはいいですね。他の方はどうでしょうか。

片桐　現場は多忙で時間がないので。ましてや初任の先生は次の授業の準備のためにも時間がたくさん必要でしょうし、そういった中で行うメンタリングに、どのくらい時間をかけていいものかというのは考えますね。こういうところを教えてほしいとか、そういうような話になっていけば、少し時間が延びてもいいのかなと思うんですけど。そのニーズに合致しないときには、時間が長くなると大変だと思いますよね。

僕の場合はメンティが初任の先生だったので、指導教員の先生のご指導の後に、僕のメンタリングというときもあったんです。すごく長くなっちゃって、時間についてはすごく気を遣いました。

尾澤　学校の1年を考えた場合に、時間が取れるときに長いものをやり、成績表の時期や授業の公開前の忙しいときは短い時間にします。小学校では、夏休みに入ると、プールがありますね。プールの時間の裏でやると比較的時間が取れます。それから1月は、比較的学校の時間の流れはゆったりなので、そこでメンタリングをする。年間の中で時間を取れる時期にやって、ある程度土台を作って、その後は短く回すというのをやりました。

ペアの形成について

町支　次に、メンティとの人間関係についてお話しできればと思います。メンタリングを効果的に進めていくためには、ペアの関係性は非常に重要になってくると思います。メンタリング実習では、ペアはどのように決まったのでしょうか。

玉虫　私は、メンタリング実習があると聞いて、その時点で今のメンティとメンタリングを行いたいと思いました。メンティは、よくあることだと思いますが、「一生懸命やりたいけど、頑張りたいけど、頑張り方が分からない」という状態で。そういう中にいて、「サポートしてくれるような人が欲しい」と思っていたようで、（メンティに）「ぜひお願いします」と言ってもらえたので、嬉しかったです。すごくペアリングは大事なんだろうなと実際にやって思ったし、（大学院の）授業でもそんな話がよく出ていました。

尾澤　経験年数が少ない先生がたくさんいるのですが、自分の時間の制約で、全員に関わることができないので、校長と相談して、誰をメンティにするのか決めました。

　ペアリングは、すごく気を遣いますよね。自分はそのクラスを持っていなくて、そのクラス全体の授業を変えていく、そういう手助けをしていくのは、自分としても失敗してはいけない。でも変えなくてはいけなくて、その先生はその先生で思いもあるし、そういったものを汲みながらやっていくので、メンタリングをしたその瞬間だけのつながりではなくて、やはり前からの関係が、かなり大切ですよね。

玉虫　私、これまでの教員生活で、メンタリングを先輩方にしてもらっていたなと思います。放課後、会議も終わり、お忙しい中でも、「最近どう？」とよく声を掛けて、力になってくださった先輩がいて、とても嬉しかったです。自分も初任の頃は、忙しそうにされている先輩に相談するのも申し訳ないなという思いもあったので、声を掛けていただけると、「実はこういうことで困っていて…こういう場合、どうしたらいいんでしょうか？」といった感じで、日頃悩んでいることなどを話しやすくなります。それは、いま思えば、正にメンタリングに近いものだったんだなと気付きました。私がメンタリングをしたときも、そういう経験がメンティとの関わりにつながっていたのだと思います。

森　私も、去年メンタリングをしたときのメンティは、メンタリング以前にはほとんど関わりがないまま、「お願いします」というところから始まったので、最初は関係を作る

のがなかなか難しいなと思いました。

　学校の規模が小さいと、若い人が困ったときに「どうしたのですか？」と聞けるけど、規模が大きくなると、なかなかそういう場も難しいなと感じます。支援するのはがっちり学年というところがあるので。みなさん、メンター、メンティのペアは違う学年ですか？

　寺谷　あえて違う学年にして、公的な話だけではなくて、プライベートな話もそのうちするようになればいいなと思っています。

　玉虫　メンタリングの時間以外の温め方ってありますよね。メンタリングする前に、私もメンティとお食事に行ったりして、ざっくばらんに今年どうしたい、ああしたいと話をしました。

　藤本　僕が前に取り組んだ先生は、ずっと学年いっしょにやってきていた同じ英語科であったり、ある程度ベースのつながりがあった上で話ができたので、たぶんゼロベースからスタートだと、もうちょっと気を遣っていたかもしれない。

　脇本　関係性の構築は、メンタリングの成否に大きな影響を与えます。最初の関係づくりに失敗すると、どうやってもうまくいかないことが多いですし、そもそもこの方法でいけば必ずうまくいくということがないのがメンタリングです。授業といっしょですね。今回は、メンタリング実習というフォーマルなメンタリングをイメージしていますが、インフォーマルな関係性も含めるということであれば、玉虫さんのような関わりは、すでにメンタリングをしている、そういう関係にあるといってもいいかもしれませんね。

　では、ここから、さらに話題を広げて、メンタリングを行う際の校内環境について共有したいと思います。メンタリングをスムーズに進めていくためには、特にメンタリング実習はフォーマルな取り組みでしたので、校内の理解も必要ではないかと思います。皆さんの学校では、この点について、いかがでしたか。

メンタリングについての周りの理解

　玉虫　先ほど話題に出たように、メンタリングには、結構時間が必要ですよね。10分、20分ですぐに終わるものではなくて、いろいろな対話を通して見えてくるものがあるし、気付きを伸ばすにも使えるかとなると時間の確保が必要になります。私とメンティは、その時間の有意義さをとても感じているから、「じゃあ、よしメンタリングやろう」

と言って、いつも保健室でやっていました。しかし、周りはどう見ていたかと言うと「え？　今からやるの?」とか、「やっとメンタリング?」というような声も聞こえたので、周りの理解も、結構大事なんだなと思いました。

　どういうふうにしていくかは、管理職の方からお話していただいたと思うんですけど、実際にやってみないとその良さに気付けなかったりするので、どういうふうに皆さんに発信していったらよかったのかについては、自分でもちょっと課題です、それは。

　森　私の学校は、各学年5クラスで、学年内で支援しているので、異学年に入るというのがすごく難しい。その学年のやり方などに何か言うのはすごく難しいですね。

　去年、2年目の先生が困っていたので、メンタリングをすることになったんですけど、周りのいろいろな考え方もあり、すごく難しかったなと思いますね。学校の規模の問題なのか分かりませんが、学校全体でその先生を育てていこうっていうのがある学校と、学年で見ていかなくてはいけないという雰囲気がある学校では、ちょっと違うのかなというのはなんとなく感じます。

　片桐　僕の学校は、1学年2クラスだから規模は小さい方です。僕は、校長先生や学年主任の先生からもこういうところをメンタリングしてほしいという要望があったので、そういった意味でもやりやすかったんだなというのは、先生方のお話を聞いていて分かりました。メンタリングする上で同僚性という点で恵まれていたんだというのが、今お話を聞いて分かりました。

　寺谷　もともとペアだった人以外にも、初任の先生とかいろいろな若手教員もメンタリングしようかなと思って、取り組んだことがあります。初任の先生には指導教員がついていますが、その先生に対して、授業中クラスがあまりに騒がしい状態だったので、「どういうふうにしていったらいいと思う?」と問いかけたときに、「静かになるのを待ってみるとか、5分間待ってみる」と答えたので「それいいんじゃない?　それやってみたら?」とやりとりをしたら、指導教員から「これまでの方針とは異なる」というようなことを言われて、逆にその指導教員と若手の先生の仲もぎくしゃくしてしまったということがありました。勝手に関わるのもいいんだけど、指導教員とちゃんと話を通して、「こういうふうな形で話をしようと思います」と言ってから取り組めばよかったなって、すごく思いました。

尾澤　たまたまややこしいことになっていますけど、うまくいくときは、うまくいくと思います。例えば指導教員の人も、どうしたらいいか悩んでいることもあります。

　自分も教職大学院で、学校という組織がどういうものなのかということを考えました。例えば、校長、副校長、教師と、いわゆるピラミッド的に組織が書かれますが、実際に動いているのはチームの横構造のことが多い。また、年功序列もあり、そこが入り混じっていて、明文化されていません。ある人は年功を重んじていて、ある人はピラミッドを重んじています。誰がどんな構造を大切にしているかを、察知して動かないとうまくいかないなと強く思いました。

町支　校内でメンタリングを効果的に進めていくためには、周りの理解も不可欠ですね。若手教師を育てたいという思いは同じだと思いますので、先輩や指導教員、管理職同士がお互いに共通理解を図っていくことが重要だと思います。また、支援する側が人材育成の方法や理論について学んでいくことも重要かと思います。現状では、なかなかそのような時間を取ることは難しいと思いますが、この点についてはいかがでしょうか。

町支大祐氏

メンタリングについて学ぶ場

玉虫　こうしたらいいのかなと思ったのは、初任研担当の先生たちが研修を受けるときに、メンタリングのメソッドに触れる機会があったらいいかなとか。ミドルの5年次研とか10年次研のときにも触れられたら、きっとその学校に持ち帰って、生かせるんじゃないかと思ったんです。

　初任研担当のベテランの先生も、ご自身が悩まれたのと同じ場面に遭遇して、「言ってもなかなか伝わらないんだよね」とか、「なかなか改善できなくて」という話を聞いています。藤本さんのニーズの話につながりますが、本人のニーズがあって、それに対して考えて選んだ手段は、メンタリングのときに絶対実践していたんですよね。だからそういうことをメンター側とか指導者側も知ることで、少し気持ち的にも安心して取り組めるようになるんじゃないかなと思っていました。

もしかしたら、そうされているんですかね？　ほかの学校では。

　寺谷　新任主幹研修でも、脇本先生がメンタリングの話をされるので、若手教諭を大事に育てていこうという研修はよく行われているのかなって思います。ただ、それを持ち帰って実践するかどうかですよね。そういう実践の場が確かにオフィシャルではないから、結局知ったままで、理論をもらっただけで終わってしまう。実践の場がないとだめかなということで、私の今年度の研究がそれに近い形で実践を行っています。

　具体的には、人材育成マネジメント研修（実践事例 10 参照）に行った人たち（ミドルリーダー）を集めて、人材育成について語り合おうという研修会を設定しています。人材育成について語り合って、実際にメンティとメンタリングを実践してもらって、その成果や課題をまた持ち帰ってきてもらって、「やってみてどうだった？」というような話合いをしています。「メンティに一方的にしゃべっちゃった」という感じで、「そういう場合はこういうふうにしていこうね」というのをやって、また実践していくということを繰り返してみるというのを、今やっているところです。そういう場を設けないと、なかなか日々の中で人材育成を実践していくことは難しい。

　森　基本的には学年会で若手を育てる。川崎市には横浜市と違ってメンターチームはないので、難しいなと思います。50 代 60 代の方が学年主任をしていて、初任研担当なので、ミドルがメンタリングを学んで持ち帰って実践するのは、再任用の方が多くいる組織では難しい。ミドルはミドルで板挟みではないけれど。そういうふうにできるといいなとは思いますけど。

　寺谷　組織の中になかなかメンタリングが位置付けられないとおっしゃっていましたけど、私も立場的に主幹であるから、来年度はそういうのを制度化しようかなと考えています。

　具体的には、若手のメンターチームではなくて、ミドル世代のチームも立ち上げていこうかなと校長に話しています。校務分掌でそういった組織を作ってくださっているので、いろいろできればよいと思います。ただし、こういう良さがあるよというのを職場に分かりやすく伝えて、ちゃんと理解してもらわなければいけないと思っています。

　玉虫　聞いただけじゃなくて、やってみてその良さが分かったり、継続してやってみるからこそ分かることがありますよね。

　脇本　学校においては、今までメンタリングをはじめとした人材育成は、インフォーマルな環境が重要な役割を担っていたことが多かったと思います。今後は、皆さんが話してくださったように、意図的に仕掛けをつくっていかないと難しいですね。

　ここまで、皆様方には先輩教師として、ミドルの立場からメンタリングを語っていただきました。どうもありがとうございました。

第3部

組織で若手を育てる！

理論編

組織で若手の学びを支える！

　第3部理論編では、組織で若手を育てるために知っておきたい理論について紹介します。「理論編　1対1で若手教師を育てる！」で紹介した教師の学びの理論をもとに、校内において複数人で若手の学びを支えるためにはどうすればいいのか考えていきたいと思います。

　若手が成長する学校をつくっていくために、短期的には「若手」を対象に、何かの働きかけを集中して行うということになるかもしれません。しかし、長期的視点で考えるならば、「若手」のみに焦点化するのではなく、校内の先生方が共に学んでいく、つまり、学校全体にまで視野を広げて取り組みを進めていくことが、結果的に若手の成長につながり、学校全体をより良くしていくことにもなります。若手教師の成長に過度に焦点化した取り組みは、現在のような多忙が進む中においては、関わる側に時に義務感や負担感を生じさせ、持続性に課題が発生することも多いです。様々な機会や仕掛けをもとに、若手からベテランまで共に学ぶという雰囲気を醸成し、進めていくことが有効です。

　長期的な視点で考える際には、それぞれの学校でどのような子どもたちを育てていくのか（≒学校教育目標）、それを達成するためにはどのような教育やカリキュラムが必要なのか、その教育やカリキュラムを実現するために教師として、何をどのように学んでいけばいいのか、という視点が肝要です。それらが定まっていくことで、校内研修や授業研究、共通理解の機会など、どのような学び場を校内でつくっていけば良いのか、考えられるようになります。若手、ミドル、ベテランが共に教育実践を創り出す中で、若手教師にはどのような機会が必要なのか考えていくことが、結果として若手教師のより良い成長につながります。

　以上をふまえ、第3部では、校内での学びの場や研修、そして、学習共同体について紹介しています。具体的には、実践事例4では、「チームによる若手支援—メン

ターチーム─」として、チームでメンタリングを行うメンターチームについて紹介しています。実践事例5から実践事例7まではフォーマルな学びの場として校内研修の紹介です。実践事例5では、「これからの授業研究─事前検討重視型授業研究─」として「授業研究」について、実践事例6では、「データにもとづく授業改善─学力調査分析ワークショップ─」として「サーベイ・フィードバック」について、実践事例7では、「これからの学びをデザインする─教師の学びを『探究』にする─」として教師の学びそのものを対象とした校内研修について紹介しています。実践事例8では、「教師も学び、育つ学校づくり─学習共同体への成長─」として、教師の共同体について紹介しています。それぞれの実践事例を支える理論の紹介については、これから各実践事例の内容の紹介とともに行います。

・・・・・・・・・・・・・・《実践事例4》・・・・・・・・・・・・
「チームによる若手支援─メンターチーム─」

　実践事例4のテーマはメンターチームです。メンターチームは、横浜市で行われている若手教師の相互支援システムで、チームによるメンタリングの取り組みです。横浜市では、メンターチームを「複数の先輩教職員が複数の初任者や経験の浅い教職員をメンタリングすることで人材育成を図るシステム」（横浜市教育委員会2011）と定義し、各校が創意工夫をして人材育成を行っています。**図1**にあるように、初任者から経験5年次の教師が中心となって、チームでメンタリングを行っています。メンターチームを通して、参加している教師は、校内の他の教師と関係性を築き、教師としての力量を向上していきます。

　メンターチームの特徴として、参加している教師が比較的対等な関係の中で共に学んでいることが挙げられます。もちろん、経験年数の違いはありますので、先輩─後輩という関係性は存在しているわけですが、その中においても、先輩からの一方向の関わりになるのではなく、共にチームを運営しているという姿勢で取り組んでいる学校が多いと言えます。

　これまで、効果的なメンターチームとはどのようなチームなのか、様々な研究が行わ

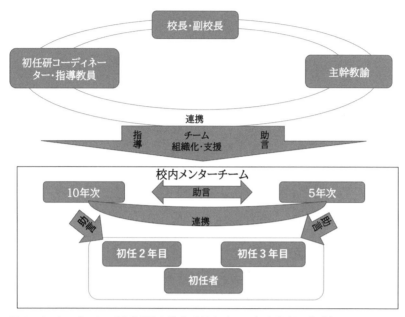

図1：メンターチームの例（横浜市教育委員会（2011）を参考に作成）

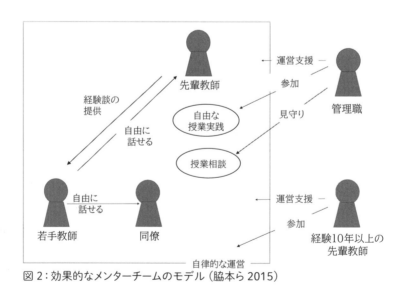

図2：効果的なメンターチームのモデル（脇本ら2015）

れてきました。**図2**は脇本ら（2015）による研究結果です。若手教師の課題解決に資するメンターチームとして、自律的な運営が挙げられます。やらされ感の中でメンターチームを実施するのではなく、自分たちで何をどのように行うのか決めて実施し、参加している教師は自由に話し、困ったときなどには先輩教師の話を聞くことで、自分たちの課題解決に取り組んでいます。これは、第2部で紹介した経験学習のサイクルに取り組む様子と重なります。日頃のそれぞれの経験をメンバー間で語り、振り返り、次の一手をどうするのか、皆で考えていくことで、共に高め合っていく学びです。そのような交流を通して、教師間の協働性も向上していきます。

　実践事例4では、これまで横浜市で行われてきたオーソドックスな取り組みである「YYメンター」から、ミドルやベテランも巻き込んだ「てらめん」、ミドルのリーダーシップ育成とセットで進めた「なせばなる！」×「なせばミドル！」、高校のメンターチームなど、様々な視点から、校種も小学校から高校まで、ミドルの育成も視野に入れたメンターチームを紹介しています。

・・・・・・・・・・・・・《実践事例5》・・・・・・・・・・・・・
「これからの授業研究―事前検討重視型授業研究―」

　実践事例5は授業研究がテーマです。授業研究は、公教育が始まった明治時代からの営みで、日本の教師の文化として根付いてきました。明治時代、全国に学校が設置され、一斉授業が行われるようになった際に、個人や同僚同士で自主的な授業の研修が行われたのが、授業研究の始まりだと言われています（木村2019）。このような授業研究の営みは、日本の学力を支える要因の一つとして、海外から注目されており（例えばStigler & Hiebert (1999) などがあります）、現在では授業研究の国際学術会議も毎年開かれています。

　今、日本の学校で行われている授業研究の多くは、授業の事前検討（教材研究、指導案作成）―授業（研究授業）の実施―研究討議会というサイクルで行われることが多いと考えられます。事前検討は、授業者個人または授業者を含む学年や担当教科の教師集団という小グループで取り組み、研究討議会は、個人または一部の教師

が考えた授業を校内の全教員で研究討議し、さらに外部から招聘した講師が指導助言を行うというものです。

　授業研究において、これまで特に力を入れて行われてきたのが、研究討議会、つまりリフレクションです。第2部で紹介したとおり、リフレクションは教師の専門性を高めていく上で、なくてはならないものです。しかし、このリフレクションに関係して、授業研究の形骸化の指摘がなされてきました。リフレクションの場である研究討議会が、授業者個人の指導力や指導技術が評価される場になってしまい（稲垣・佐藤 1996）、授業者の精神的負担になってしまうケースもでてきました。実際、そのような理由で授業公開をためらう教師も多く、研究討議会が表面的になりがちであるという指摘もあります（千々布 2005）。

　このような課題に対して、これまで様々な取り組みが行われてきましたが、本書では、「事前検討重視型授業研究」を紹介します。事前検討重視型授業研究では、事

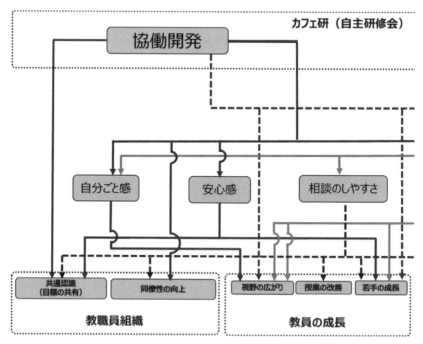

図3：事前検討重視型授業研究の効果とその

前検討の段階で、校内の全教師が指導案作成に関与し、授業づくりを行います。それにより、研究授業が校内の全教師の関与により生み出されたものとなり、個人の指導技術を評価する場ではなく、校内の全教師が個々に提案した考えの検証の場となることが期待できます。詳しくは実践事例5を読んでいただきたいのですが、ここでは「事前検討重視型授業研究」の効果について紹介します（ここからは、まずは実践事例5を読まれてからご覧になるとスムーズです）。「事前検討重視型授業研究」は、その効果について質的研究の手法を用いて分析を行ってきました。**図3**がその結果で、矢印が因果関係を示しています。カフェ研が事前検討であり、カフェ研での模擬授業による授業の協働開発やカフェ的空間が教職員組織や教員の成長、校内研修に対する意識にどのように影響を与えているのか示しています。図3が表しているように、「事前検討重視型授業研究」によって授業研究に対する意識が変容し、教師の関係性が向上し、成長にも寄与していることが推測できます。

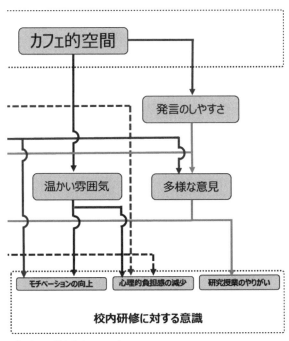

プロセス（脇本ら 2018）

・・・・・・・・・・・・・・・・《実践事例6》・・・・・・・・・・・・・・・
「データにもとづく授業改善―学力調査分析ワークショップ―」

　実践事例6では、全国学力・学習状況調査の結果をもとにしたワークショップを行っています。こうした調査結果のデータをもとにワークショップを行い、それを通じて組織的に学ぶという取り組みは、「サーベイ・フィードバック」(中原2020) という手法として知られています。この手法は、組織開発という領域で開発されてきました。組織開発とは、現状の見える化をふまえて組織内での対話を行い、それを通じて未来への指針を得るということを目的にしています。この見える化にデータを用いる手法が、サーベイ・フィードバックです。

　データは、そうした形で組織が変わっていくためのきっかけになるような、強い力を持っています。ただし、データは、それをみんなで眺めるだけでは、何も起こせないことに注意が必要です。それだけでは、活発な対話も、学びや気づきも、それをふまえた未来への指針も得られません (中原2020)。実践事例6では、データをもとに、いかに教師同士が気づき、学ぶことができるか、その点に様々な工夫が凝らされています。

　実践事例6の取り組みのもう一つのポイントは「ジグソー法」です。ジグソー法は、人と人とが問いを共有し、それぞれの考えを交換し合う中で学んでいくという「協調学習」の手法の一つです (三宅2014)。そもそも、人が誰かと問題解決を行う際には「自分の考えを整理して表に出すこと」と「他者の言動を見聞きしながら、自分の考えとくみあわせ、より良い考えをつくること」とを繰り返しながら考えの質を高めていきます。ジグソー法はこのプロセスを意図的に生じさせることを狙いとしています。実践事例6の取り組みでは、この手法を教師の学びに活用しています。

　一般的なジグソー法の進め方は、**表1**のとおりです。ジグソー法について説明した動画 (東大TV 2018) もweb上で公開されていますので、そちらも参考にしてください。

Step.0	3つか4つの知識を部品として組み合わせることで解ける問いを設定する。そのそれぞれの知識に応じた資料を用意する。
Step.1	各学習者は自分なりの思いつく答えを書いておく。
Step.2	同じ資料を読み合うグループを作り、その資料に書かれた内容や意味を話し合い、グループで理解を深める。（エキスパート活動）
Step.3	違う資料を読んだ人が一人ずついる新しいグループに組み替え、エキスパート活動でわかってきた内容を説明し合う。他のメンバーから他の資料についての説明を聞き、自分が担当した資料との関連を考える中で、理解を深めていく。理解が深まったところで、それぞれのパートの知識を組み合わせ、問いへの答えを作る。（ジグソー活動）
Step.4	答えが出たら、その根拠も合わせて全体に発表する。
Step.5	各班の発表をふまえ、最後は一人で問いへの答えを記述する

表1：知識構成型ジグソー法の進め方（東京大学 CoREF サイトを参考に一部筆者改変）

・・・・・・・・・・・・・・・《実践事例7》・・・・・・・・・・・・・・・
「これからの学びをデザインする―教師の学びを『探究』にする―」

　実践事例7で紹介する取り組みの鍵となる概念は、子どもの学びと教師の学びの「同型性」です。渡辺・藤原（2020）は、教師の学びの変革と子どもの学びの変革を一貫した原理で行うことを「同型性」と称し、その重要性を指摘しています。主体的に学んだ経験のない教師、そうした学びを重視していない教師集団が、子どもに主体的な学びを促そうとしても、うまくいくでしょうか。一見当然のように思えますが、子どもたちの対話的な学びを重視する学校で、校内研究会が全く対話的でない、というような例は数多く存在するのではないでしょうか。近年は、社会の変容を背景として、求められる学びのあり方も目まぐるしく変わっており、教師自身が経験したことのない学びのあり方も求められています。そんな今だからこそ、改めて大切にしたい原理だと言えるでしょう。

また、実践事例7では、教師が学習することの「楽しさ」を実感することを重視しています。この楽しさが失われ、義務感に覆われてしまったことが、校内研究形骸化の要因の一つになっているという指摘もあります（千々布2005）。学ぶことの「楽しさ」を取り戻すことが、今後の教師の学びを活性化する一つの鍵になるかもしれません。

・・・・・・・・・・・・・・《実践事例8》・・・・・・・・・・・・・・
「教師も学び、育つ学校づくり―学習共同体への成長―」

　実践事例8においては、PLC（Professional Learning Community：専門職の学習共同体）という概念が実践の中心になっています。PLCは、もともとアメリカで生まれた概念ですが、硬直化・形骸化などが指摘されている日本の教師同士の学び合いを、改めて捉え直し、再活性化するうえで有効な概念として注目されています。

　PLCは論者によってその主張の重点が異なりますが、代表的論者であるA. Hargreaves（ハーグリーブス）は、PLCが持つ文化を次のように述べています。まず、教師たちが教授・学習の改善に焦点化して協働すること、その改善を支援・促進するためにエビデンスを活用すること、生徒を活動の中心に据え、カリキュラムの進展や生徒の習熟に共同で責任を負うこと、信頼・安全・ケアと献身といったものを重視すること、などです。

　一見当たり前に思えるかもしれませんが、ハーグリーブスがあまり良くないシナリオとして挙げているものと比較することで分かりやすくなるかもしれません。まず、孤立・競争・短期的な目標追求による疲弊を招きがちな個人主義があります。また、同僚性も、行政や管理職等の強力なトップダウンのもとで、わざとらしく構築されたものはあまり良くないものと捉えています。協働的な文化も、生徒への規律の適用、職員の適応、職務の調整のみに焦点をあてたものであれば、単なる仲良しやマンネリに至ってしまう可能性があります。また、スタンダード化されたやり方に従わせること、データを結果の評価による監視に用いること、教師同士が探究を共有するというより要求を押し付けられるようになることなどは、たとえ短期的に学習の改善を実現できるとしても、教師の専門職的判断や創造性を奪い、長期的な成長を阻害するものと捉えます。こ

うした指摘は多くの日本の学校にも示唆的であると言えるのではないでしょうか（ハーグリーブス 2015、木村 2019、織田 2012）。

　実践事例 8 は、生徒も教師も深く学ぶ PLC の構築を目指した取り組みです。事例校である若狭高校では、PLC を構築するために、教科会の活性化や若手授業力向上塾などを実施しています。これらの取り組みは、管理職によるトップダウンではなく、教師の知性と情熱の双方を刺激し、知を共有できるような仕掛けをもとに行われています。共同体の中で、教師は授業改善を通して成長し、さらにより良い共同体になっていきます。

（脇本　健弘）

（町支　大祐）

〔参考文献〕

・アンディ・ハーグリーブス（2015）木村優・篠原岳司・秋田喜代美（訳）知識社会の学校と教師：不安定な時代における教育. 金子書房, 東京

・千々布敏弥（2005）日本の教師再生戦略：全国の教師 100 万人を勇気づける. 教育出版, 東京

・稲垣忠彦, 佐藤学（1996）授業研究入門（子どもと教育）. 岩波書店, 東京

・木村優（2019）授業研究の誕生と成長. 木村優, 岸野麻衣（編）授業研究：実践を変え、理論を革新する. 新曜社, 東京

・三宅芳雄・三宅なほみ（2014）教育心理学概論. 放送大学教育振興会, 東京

・中原淳（2020）サーベイ・フィードバック入門：「データと対話」で職場を変える技術. PHP 研究所, 京都

・織田泰幸（2012）「学習する組織」としての学校に関する一考察（2）Andy Hargreaves の「専門職の学習共同体」論に注目して. 三重大学教育学部研究紀要, 63：379-399

・Stigler, J. W., & Hiebert, J. (1999). The teaching gap; Best ideas from the world's teachers for improving education in the classroom. New York：The Free Press.

・東京大学 CoREF. 知識構成型ジグソー法　https://coref.u-tokyo.ac.jp/archives/5515（参照日 2021.3.19）

・東大 TV（2018）ジグソーメソッド：KOMEX presents　映像で見るアクティブラーニング

https://www.youtube.com/watch?v=2pGH7yeGFyI（参照日 2021.3.19）

・渡辺貴裕, 藤原由香里（2020）なってみる学び：演劇的手法で変わる授業と学校. 時事通信社, 東京

・脇本健弘, 中堂寿美代, 新坊昌弘, 麥田葉子, 町支大祐（2018）学び続ける学校組織への変革を目的とした事前検討会重視型授業研究におけるカフェ研の評価. 日本教育工学会研究報告集, 18（4）：75-82

・脇本健弘, 町支大祐（著）中原淳（監修）（2015）教師の学びを科学する：データから見える若手の育成と熟達のモデル. 北大路書房, 京都

・横浜市教育委員会（編著）（2011）「教師力」向上の鍵：「メンターチーム」が教師を育てる、学校を変える！. 時事通信社, 東京

実践編

《実践事例4》チームによる若手支援
―メンターチーム―

・・・・・・・・・・・・・・・ **1. はじめに** ・・・・・・・・・・・・・・・

　社会の変化に呼応する教育課題の多様化・複雑化に伴い、今、学校には、教員の業務の質的な高度化と量的な拡大という現象が起こっています。例えば、学習指導において、未来の担い手となる児童生徒の資質・能力を育むためにICT環境を活用しながら一層効果的な問題解決の場面を設定できるようになることが求められる一方で、児童生徒指導においては、特別支援や国際理解などの視点を包含するインクルーシブ教育を推進しながら、いじめや不登校などの広範な課題に迅速に組織対応していかなければならないという状況があります。そのため、これらの担い手となる教員には、新たな考え方やスキルを獲得し、自身の力をアップデートし続ける必要が生じています。

　一方、学校組織の現状に目を移してみると、戦後ベビーブーマーの大量退職を補う新規採用が続き、その成員の多くが経験の浅い教員で占められているという現実が見えてきます。この経験年数の偏りは、経験の浅い段階で複雑な課題に対応する多くの若手の困り感を招き、それを支える限られたミドル層やベテラン層の疲弊につながる可能性があります。そのため、学校では、教員が問題を一人で抱え込む個業化を未然に防ぐとともに一人一人のモチベーションを高め、教育活動の持続可能性を高めていくことが喫緊の課題となっています。

　こうした状況に対応するため、横浜市では、教職員一人一人の力量形成と学校の組織力強化をセットで進める基盤として、「メンターチーム」というシステムを導入しています。企業において、知識や経験のある仕事上の指導者（メンター）が、経験の浅

い新入社員（メンティ）に関わり、精神的なサポートをする仕組みをメンター制度といいますが、同市におけるメンターチームは、複数のメンターと複数のメンティがチームを作って学校の中で人材育成を行う仕組みです。2007年度から校内人材育成のための任意の組織として草の根的に広がり始めていた動きを教育委員会が後押しして導入校を拡大し、今では全校への定着が図られています。

·············· **2. 実践の紹介** ··············

　横浜市では、教職経験1から3年目の若手層を第1ステージ、4から13年目程度のミドル層を第2ステージ、学校運営にリーダーとして参画する層を第3ステージと捉え、キャリアステージに合わせた集合研修を実施しています。そしてメンターチームは、教育委員会が実施する集合悉皆の人材育成研修と連動を図り、校内人材育成を推進する上で欠かせない標準環境となっています（**図1**）。

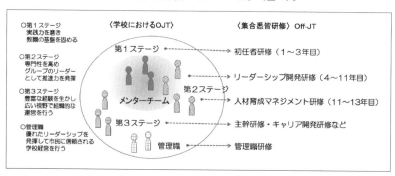

図1：集合研修と校内人材育成環境としてのメンターチーム

　最近では、メンターチームは、校長の組織マネジメントの一角としても活用され、各校の実情に合わせた様々な展開が見られます。ここでは、その中から、いくつかの実践事例を紹介し、メンターチームを校内人材育成の場として有効に機能させるポイントについて整理してみたいと思います。

(1)「分からない」を言い合える「YY メンター」（横浜市立 U 小学校）

　まずは、オーソドックスなお手本です。U 小学校は、鶴見区の臨海部にある中規模校です。同校では、第1ステージと第3ステージ前期の先生を中心とした「YY メンター」を組織し、分からないことを分からないと言い合える関係づくりをモットーに、メンバー全員で意見を出し合って1年間の計画を立て、学校の特色を生かした活動を展開しています。2018 年度の年間計画概要は次のようなものでした（**表1**）。

4月①	自己紹介・資料提供「担任としてこんなことをしたよ」
4月②	大人の学校探検（資料室や倉庫などにある教材を知る）
5月	生活科・総合的な学習の時間について（校長先生から）
6月	学校図書館利用の方法・総合的な学習の時間の単元構想
7月	幼・保・小合同研修（幼稚園）
8月	スピンオフ　面接対応練習
9月	※運動会のため、資料提供「通知票づくりをこう進めたよ」
10月	図工の授業についての勉強会（市の授業研究会授業者から）
11月	道徳の授業と事後研究会
12月	ボール運動・地域行事インディアカ大会への参加
1月	ゲストティーチャーによる講義（生活・総合の進め方）
2月	ゲストティーチャーによる講義（学級づくり）
3月	1年間の振り返り・来年度に向けて

表1：2018 年度のYYメンター年間計画

「YY メンター」が大切にしていることは、メンター研修会を自分たちで企画・運営し、豊かな人のつながりの中でメンバーの力量形成を図ることです。計画を立てるときには、自分たちが必要と感じていることをテーマとして取り上げることと、授業や地域連携など、実際の業務との重なりを生かすことに留意しています。必要感の高い内容を実際の業務を通して経験的に学ぶことで、一人一人が学ぶことを大切な仕事の一環として捉えられるようになり、初任者が安心して学校組織に溶け込んでいくための仕組みとして役立っています。一般に、校内研修というと若手には受動的に捉えられる傾向がありますが、「YY メンター」では、自分たちで計画を立て、それを実現するために先輩や管理職に積極的に働きかけをするようになったことで、以前よりもメンバーの

参画意識が高まり、若手の先生たちが能動的・協働的に関わり合うようになってきました。今では、他校種の先生との交流を図ったり、外部講師の先生を活用したりするようになり、活動が充実してきています。今後は、メンターチームの活動が、若手のみならず、第2ステージ後期、第3ステージの先生たちにも良い影響を与えられるように、メンターチームを生かして校内人材育成の雰囲気をさらに高めていきたいと考えています。

(2)「てらめん」でつながる・学ぶ・考える（横浜市立T中学校）

T中学校は、生徒数1,000人を超える市内屈指の大規模校です。教職員の数も多く、臨時的任用職員、非常勤講師の先生も含め、教職員は全員で60人を超えています。同校では、多様な状況にある教職員のモチベーションを高め、より効果的な教育が実践できるようにするため、M校長先生のアドバイスのもと、これまで若手中心であったメンターチーム「てらめん」を、全員参加の学びのシステムとしてリニューアルしました（「てらめん」とは学校名の頭文字「寺」とメンターチームの「メン」を組み合わせたT中学校メンターチームの愛称です）。現在の「てらめん」は、教科や校務分掌の壁を超えてメンバーを調整し、学年をまたぐ複数の教職員で構成された組織になっています。初任から3年目までの第1ステージ、中堅層の第2ステージ、リーダー層の第3ステージが混在するチームを形成している点で、一般的な若手中心のメンターチームとは異なる仕組みです（図2）。

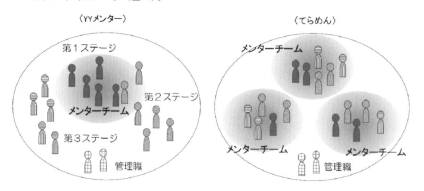

図2：三つのキャリアステージが混在するメンターチーム

　最も大きな活動の目的は、やはり第1ステージの先生の組織社会化にあります。効果があがっている具体的な取り組みとしては、全校規模の授業研究会と不定期で開催する若手のニーズに応じた先輩から後輩に向けた講演会があります。

　授業研究会は校務分掌に位置付けられた教科指導係とのコラボレーションで進めています。年2回の実施ですが、1回目はベテランの先生が師範授業として自らの授業を公開し、2回目は若手が1回目の研究会での学びの成果を反映させた授業を公開します。教科担任制の中学校では、自らの担当教科以外の授業に対して内容に踏み込んだ専門的な質問・意見や助言をするのは難しい面がありますが、授業を受ける生徒の立場から授業を評価することはできます。キャリアステージが混在するチームで授業を評価し合う活動は、一人一人の授業がカプセル化して学習指導の改善が停滞してしまうことを回避し、生徒にとって学びがいのある授業づくりを目指すT中学校のカリキュラム・マネジメントに一役買っています。「てらめん」の各チームにおいて全員が自らの授業を開く仕組みは、若手、中堅、ベテランを問わず、一人一人の授業改善に向けた気付きを提供してくれるものであり、同時にチーム内の人間関係を深め、風通しのよい職場、教職員が育ち合う風土の形成に結び付いています。

　先輩教師からの講演会は、業務の隙間をぬって不定期で年数回ほど開催しています。とりわけ、第1ステージの若手が直面している具体的な課題に対応させて、第2ステージ以降の先輩教師が自らの失敗談を語る「しくじり先生」コーナーは好評です。中堅の先生がかつて校内合唱コンクールの指導でのしくじりを語ってくれました。以下その事例の概要を紹介します。

　「初任のころ、体育祭でクラスがたくさん賞状をもらえたのでいい気になって、合唱コンクールでも入賞にこだわっていました。"そんなんじゃ優勝できないぞ"などと、生徒の練習にダメ出しばかりしていたところ、段々反発する生徒が増えてきてクラスがバラバラになってしまいました。子どもたちにとっても、担任の自分にとっても最悪の合唱コンクールになってしまいました。思えば、自分の力不足だったと思います。失敗を振り返り、その後の教員生活の中でやっぱり大切なのは、授業をはじめとする普段からの関係づくりだと痛感し、その後、賞とりへのこだわりを捨てたら、取り組みの過程で生徒に対するたくさんの『褒めポイント』が見えてきました。人間関係づくりを念頭に、

取り組みのプロセスを大切にすることによって生徒も担任も成長できることが分かり、今は合唱コンクールが大好きになりました…」

　後輩の教員は、こうした先輩のしくじりと自らの現状を重ね、そこから得られた教訓を共有することによって、何のために学校行事をするのかという目的を再確認し、今、向き合っている子どもたちとの関わり方を工夫・改善する視点を得ることができています。

　「てらめん」の活動は、大規模校であるがゆえになかなか実現しにくい教員間のきめ細かなコミュニケーションを組織的に実現し、第1ステージの先生が、教育活動に取り組む上でどのような課題やニーズがあるのかを把握し、これに応じて第2、第3ステージの先生が重層的に関わることで、若手の組織社会化を促す効果を発揮しています。

　一方、現在、数多く存在する若手層が今後は中堅層に移行していくため、これからは第2ステージのキャリアアップに向けた校内人材育成が課題になってきています。横浜市のメンターチームは、多くの学校が大量採用期の若手を大勢抱え、その半数ぐらいのベテラン層、そしてこの二つの層をつなぐ数少ない中堅…という状況における第1ステージの教員の組織社会化（適応）に対する必要感から、若手が育ち合う環境を整えようとする動きとして広がってきた経緯があります。しかし、少子化に伴って学級数が少しずつ減ってくると、今後は新規採用者数が徐々に絞られていきます。経験5年目未満の若手が少しずつ減っていくのに対して、ここ10年で大量に採用した5年目から15年目くらいまでのミドル層が多く在籍する状況になり、キャリアステージの構成比が次第に変化してくる訳です。そのため、「てらめん」でも、若手教員に好評な内容を改善・継続しつつ、ミドル層の増加に応じた活動を考え始めているところです。

（3）「なせばなる！」×「なせばミドル！」で育てるリーダーシップ（横浜市立N小学校）

　N小学校は、経験5年未満の若手4人に対してミドル層10人、ベテラン層7人という状況です。T中学校の「てらめん」が今後に向けて想定した教員の構成比を

先取りしているような状況にあり、これからの校内人材育成を考えるモデルになります。N小学校では、横浜国立大学の教職大学院で学ぶT主幹教諭を中心に、管理職や学校運営上の責任をもつベテラン層が協議しながら、増加していくミドル層に焦点を当てた校内人材育成の在り方を模索し始めています。

　N小学校のメンターチーム「なせばなる!」は、これまで、第1ステージの若手教員4人とファシリテーター役の第2ステージ前期のミドル1人で構成されていました。月に1回集まって、「学級目標をどう決めるか」「図工のパレットの使い方をどう指導するか」「個人面談にどう取り組むか」といった教員が直面する学級経営、学習指導、児童指導上の課題に対応させて、チーム内で対話を積み重ねながら考え、ヨコのつながりを生かして問題解決を目指してきました。また、自分たちだけで解決が困難な課題に対しては、第2ステージ以降の先輩を招いて一緒に考えてもらうこともありました。

　しかし、2017年告示の新学習指導要領にもとづく学習指導を効果的に進めるために、日本語指導が必要な児童や、発達課題への合理的配慮を要する児童生徒に対応するインクルーシブ教育、いじめや不登校を未然に防止するための積極的な児童指導、地域連携といった幅広い組織運営が求められ、仕事が高度化していく中、その実働部隊としてたくさんの労力を割いている先輩教員には余裕がなく、いろいろ話を聞きたいけれど、忙しそうでなかなかお願いしづらいという空気が漂い始めています。一方で、若手に比べて数の多いミドル層には子育て世代も多く、若手のニーズに応じて時間や業務を調整し、積極的に関わることができる環境にある人は限られているという状況も見えてきました。

　こうした状況に鑑み、T教諭は、ヨコのつながりを活性化するこれまでのメンターチームに、さらにタテのつながりを加えることで、校内人材育成の好循環を生み出せないかと考えました。そして、ミドル同士のヨコのつながりを活性化する新たなメンターチーム「なせばミドル!」を組織し、若手のヨコのつながりである「なせばなる!」メンバーとのタテのつながりをつくって、新たな人材育成の仕組みを創出するチャレンジを始めたのです。

　「なせばミドル!」によるミドル層育成の仕組みは二つに分かれています。T教諭は、まず、メンバーの中でも経験値の高い4人をミドルリーダーとして育てるための校内

研修会「人材育成研修会」を計画的に実施してメンタリングに関する理論と実践を学ぶ機会をつくり、この4人のミドルのスキルアップを図ることにしました。具体的には、いま企業等で活用され始めている1on1によるメンタリングの手法を取り入れ、ミドルリーダーと若手のペアをつくって月1回のペースでこれを実践してみるという取り組みを行いました。次に、ミドル層全員が集まる「情報共有会」を定期的に開き、その中で、ミドルリーダーから実践の様子を紹介し、若手の現状を共有しながら、一人一人のミドルが、今、どのように関わっているかを共同的に省察する場を設けました。様々な教育活動の担い手として業務量が増え、また、子育てや親の介護などのライフイベントとの両立という課題を抱えながら仕事の質的充実を求められる「なせばミドル！」メンバーは、それぞれの都合で、必ずしも毎回全員の参加がかなうわけではありません。しかし、取り組みの目的を共有し、参加できるメンバーでたゆまず継続することを通して、着実にミドルリーダーが育ち、その影響のもとでミドル全体が若手への関わりを具体的に工夫するようになってきています（**図3**）。

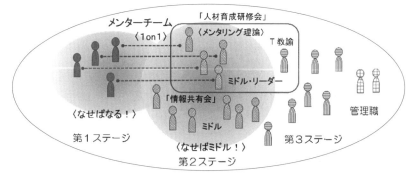

図3：「なせばなる！」×「なせばミドル！」の仕組み

　これまで、メンターチームは、若手を中心とする多数のメンティ×少数の若手メンターというチームによるヨコのつながりを生かして、若手の組織社会化を図る学校風土を形成してきましたが、これからは、「なせばミドル！」のようなミドルリーダーの成長を促す働きかけを通してミドル全体のリーダーシップを高め、それを若手育成の取り組みと連動させることで、校内人材育成の風土に厚みを加えていくという新たなステージを迎えていると考えられます。

（4）自走するメンターチーム（横浜市立S高等学校）

　最後に紹介する横浜市立S高等学校は、3部制の定時制高校です。職員数が多く、メンターチームの人数も40名を超えます。2016年の発足時からメンターチームの運営支援に関わってきた授業研究委員会（後述）のメンバー5名のうち、3名が人事異動により転出することになった2018年春、ミドルリーダーのK教諭が新メンバーを公募したところ、7名の手が上がり総勢9名の組織になったことで、よりパワフルな研修体制を作り出すことができました。

　S高等学校では、ミドル、ベテランからなる授業研究委員会という組織があり、この組織が、職員研修、公開授業、学校訪問といったOJTの場を企画・運営するとともに、若手教員と同校に新たに転入した先生からなるメンターチームを支援しています。2018年度の具体的な取り組みは次のようなものでした（**表2**）。

月日		開始時間	時間調整	担当者	ミドルリーダー	テーマ
4/24	火	16:35		各回、メンバー5〜6名		メンター研修とは／グループ分け
5/17	木	16:00	職員会議終了後		A	S高校を知る　自己紹介と定期試験の概要
6/12	火	16:00	薬物乱用防止教室後		B	他教科授業紹介〜公開授業週間に向けて〜
7/12	木	15:00	スポーツ祭予行終了後		C	保護者対応について
8/24	金	16:00	防災訓練終了後		D	S高的参加型学習を考えよう
9/28	金	16:00	説明会終了後		A	科目登録に挑戦！
10/17	水	16:00	職員会議終了後		B	学校教育目標を踏まえたコミュニケーション
11/14	水	16:35			C	様々なストレス解消法を知る
12/19	水	16:00	保健教室終了後		D	授業に役立つ「○○○○」
1/7	月	16:00	部集会終了後		A	入試業務および判定会議資料の見方
2月なし		年間報告書作成（共有フォルダに各月ごと登録）				
3/22	月	13:30			ABCD	大きめ研修と年間振り返り

表2：S高等学校メンターチームの年間計画（2018年度）

　メンター研修は、「自らつくりみんなで学ぶ」を合言葉に、月ごとにグループ編成を変えながら、そのメンバーが企画・設計・運営までを責任をもって行います。1年間に一度は、自らの責任で研修を実施する仕組みが根付いてきたことで参加するメンバーの主体性が高まり、オフィシャルな校内研修の場でも若手が司会やファシリテーターを買って出るなど、学び合い、育ち合う風土が形成されてきたことによって、学校

全体の授業改善とこれを支える組織力の強化にも結び付いています。

　具体的な例として総合的な学習の時間の変化が挙げられます。かつては、学年規模の生徒を一堂に集めて講師担当の先生がレクチャーする情報提供の場面が多かったのですが、若手やミドルがメンターチームで学んだことを試行錯誤して活用するようになり、今ではチームでの対応が定着し、ワークショップ、グループワーク、ディスカッションなどを組み合わせた協働的な学びを通して生徒の能動性を高め、自己肯定感を引き出せるようになってきました。

　また、教員採用試験を前にした臨時的任用職員の先生の面接練習がメンターチームメンバーから自然に始まり、その輪が広がっていくなど、当初計画したメニューとは別の場面でもメンターチームの働きが効果を発揮しています。

　今では、企業や大学から講師を招へいして合同研修を実施するなど、社会に開かれた関係の中で学ぶ環境も整えてきています。出勤・退勤も2通りの3部制という環境にありながら、自走するメンターチームが、教職員の帰属意識や教育活動へのモチベーションを高め、学び合う学校の空気を醸成している姿は、これからのメンターチームを考える上で参考になるのではないでしょうか。

・・・・・・・・・・・3. 取り組みのポイント・・・・・・・・・・・

　以上、横浜市のメンターチームについて、四つの事例を紹介しました。若手の組織社会化、ミドルのリーダーシップ育成など、それぞれが学校の実情に合わせて、メンターチームを校内人材育成の場として有効に機能させる組織的なアプローチでした。以下、実践を振り返り、メンターチームをつくり、動かしていく際にポイントとなることを整理してみたいと思います。

①　協力的な風土の形成

　奏効している実践事例の共通点は、ミドル層をはじめ、ベテラン層や管理職が、メンターチームの存在を肯定的に受け入れ、第1、第2ステージの教育人材を効果的に育成することを通して教育の質を高めていくことに自覚的であることが挙げられま

す。メンターチームを学校運営や学校経営の一環として捉える視点を校内で共有し、温かく見守る協力的な風土を形成しましょう。

② インフォーマルな雰囲気を醸成

どのチームもはじめはできる人が集まり自分たちで動き始めるところから始まっています。学校の実情に合わせてメンバーを決め、行事予定などを吟味して時間をつくり出し、場所を確保して、まずは日頃感じている困り感や、やりたいことを素直に出し合えるようにしてみてはどうでしょうか。その際、学年や分掌の会議や研修会のようなオフィシャルな感覚でなく、本音が語れるインフォーマルな雰囲気を大切にした方がよいでしょう。初めは、好きな飲み物を持参するなどして、穏やかに始めてみてはどうでしょう。

③ 「やっててよかった」と思えるような主体的な取り組みを目指す

子どもの学習と同じように、先生たちの学びにおいても、その活動が主体的なものであるかどうかによって、効果は全く違います。まずは、実際の困り感やニーズにもとづくリアリティのあるテーマ・内容を取り上げ、活動をデザインして、メンティたちが能動的に取り組めるように支援していきましょう。メンターチームの最も大切なポイントは、何と言ってもメンバーが自分たちで企画したり、必要なつながりをつくったりすることを通して、「やっててよかった」と思えるような主体的な取り組みになっているかどうかだと言えます。

横浜市におけるメンターチームは、教職員の大量退職・大量採用に伴って経験の浅い教員が一気に増加している中で、多様化・複雑化する教育課題に対応できるようにするために、教職員一人一人の力量形成と学校の組織力強化をセットで進める基盤として導入され、必要感を伴って全市に広がったシステムです。今後は、これまで経験が浅いといわれていた先生たちがミドル層へと移行し、ベテラン層はさらに減少していくことになります。今後も、若手からミドル、ミドルからミドルリーダー、さらにはベテランのマイスターや管理職へと分化しながら育っていく教職生活全体を見通して、教員を取り巻く状況の変化に対応しながら、その時その時の教員としての自己成長を促す OJT の風土として、有効に機能する生きたメンターチームであってほしいものです。

（松原　雅俊）

実践編

《実践事例 5》これからの授業研究
―事前検討重視型授業研究―

・・・・・・・・・・・・・・ 1. はじめに ・・・・・・・・・・・・・・

　「授業研究」を日々の取り組みにするには、どうしたらよいのでしょう。教員のモチベーションを上げ、学び続ける学校組織にするためには、どのような取り組みをしたらよいのでしょう。私たちは、その課題解決の方策として、「事前検討重視型授業研究」を提案し、堺市立福泉東小学校に実践してもらいました。ここでは、「授業研究」の現状と課題、「事前検討重視型授業研究」の取組を進める過程と実践を紹介します。

(1) 背景

　大阪府における教員採用は、2000年代に入って次第に大量退職に伴う大量採用の影響が表れ始めます。その傾向は、2013、2014年に小学校で1,200人前後にまで達し、ピークを迎えます。その後、減少に転じ、現在もその傾向は続いています。学校現場ではこの20年ほどの間に、教員の平均年齢は48歳近くから30歳代へと一気に低下し、急速な世代交代が進んだことになります。

　そのような中で興味深いデータがあります。**表**に示すのは、2019年に大阪府教育センターが、小学校の初任者と10年経験者を対象に行った、日々の中での困り感や悩みに対するアンケート調査の結果です。

　これを見ると、様々な教育課題への対応や新たな教育実践への準備等多岐にわたる業務に追われ多忙を極める教員たちが、実は教職経験年数の多少にかかわらず、多くは日々の授業づくりに悩んでいるということが分かります。授業力の向上は、教職に就いた誰もが追い求める永遠の課題ですが、学校現場での先輩教員から後輩教

員への授業技術の継承という点でも、大量退職・大量採用という波は大きな障壁となりました。では、授業力の向上は、どのようになされるのでしょうか。任命権者である都道府県や学校設置者である市町村が行う法定研修はもちろんですが、「教員は学校現場で育つ」と言われるように、やはり日々の授業実践や授業研究、それらを計画的に組織された校内研修の果たす役割は大きいのではないでしょうか。

順　位	小学校初任者		小学校10年経験者	
	項　目	割　合	項　目	割　合
1位	授業づくり	60.3%	授業づくり	50.1%
2位	学級経営	54.2%	評価の在り方	43.4%
3位	評価の在り方	46.8%	職場での人間関係	41.2%
4位	学習規律の確立	34.7%	障がいのある児童に対する理解と支援	30.1%
5位	道徳教育・道徳の時間	29.3%	不登校児童に対する理解と支援	29.3%

表：経験年数における「困り感・悩み」（大阪府教育センター，2019 年）

（2）課題

　小学校における校内研修は、比較的教育実践豊富なミドルリーダー的立場にある教員が担当者となり、熱心に取り組まれている現状があります。しかし、多くの学校に校内研修支援でお伺いすると、次のような共通する課題が浮かび上がってきます。

① 　校内研修が、年間行事予定に位置づくそのとき限りの行事、イベントの扱いになってしまい、日常の授業改善につながりにくいものとなっている。

② 　校内研修＝研究授業という捉えが強く、研究授業の成否を重視してしまい、校内研修全体のテーマが意識されなくなってしまっている。

③ 　研究授業を計画する段階においては、授業者個人や担当学年に任されてしまい、授業者が孤立してしまう傾向があり、授業者以外の教職員や他学年にとっては他人事になってしまっている。

④ 　研究授業後に行われる研究討議会が、教員の授業力の評価の場となってしまい、授業者になることへの負担感を増大させている。

　一見、計画に沿って順調に進められている校内研修ですが、実は多くの教員が、

事後の研究討議会の負担感から研究授業の授業者になることを敬遠してしまっており、そのような授業者の心情を知ってか、毎回の研究討議会も深まりのないものとなってしまっているのが現状です。1回1回の研究授業の成果が日々の授業改善につながることはなく、終われば自分の役目も終わりという計画を消化するだけの形骸化された校内研修になってしまっているのです。

　今、校内研修における最も重要な課題は、教職員の研修に対するモチベーションを高め、教職経験年数の多少にかかわらず、皆で日々の授業改善につながる授業づくりを学び続ける学校組織の構築ではないでしょうか。

・・・・・・　2. 実践「事前検討重視型授業研究」・・・・・・

　堺市立福泉東小学校で取組が始まったのは2017年度からです（現在2020年度も継続中）。堺市教育委員会を通じて、算数科での校内研修支援の依頼があった際、こちらから「事前検討重視型授業研究」を提案しました。

　図1に示したとおり、従来（事後研究討議会重視型）の校内研修では、研究授業を

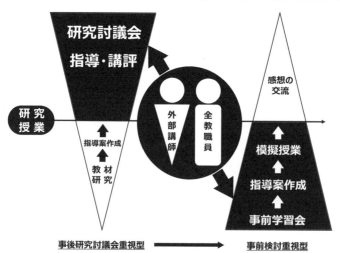

図1：事後研究討議会重視型と事前検討重視型の比較

計画する段階での教材研究や指導案作成、教具・学習具の準備等は、授業者個人または学年や低・中・高学年のブロックという少人数の教員が担い、研究授業以降、研究討議会等では、授業の計画に携わっていない教員も含め、全校教職員と招請された教育委員会指導主事や大学研究者ら多人数で行うというのが通常のスタイルでした。これに対して、「事前検討重視型」は、研究授業の計画段階で、全校教職員、招請された教育委員会指導主事や大学研究者が関わり、研究授業では、全校教員だけが参観し、特に事後の研究討議会は設けず、自然発生的に起こる感想や意見の交流にとどめるというものです。つまり、授業研究における協働の場を事後の研究討議会から事前の授業計画の段階に移すというものです。それに伴い、外部講師の関わりは事後から事前に移行し、その役割も事後の judging から coaching へと変わっていきます。このスタイルの転換には次のような意図があります。

・研究授業やその後の研究討議会に対する負担感を緩和し、校内研修を取り組みやすいものにする

・教職経験年数の多少にかかわらず全教職員が一緒に教科を学ぶ機会を確保する

・全教職員が研究授業を自分事として捉え、参観できるようにする

・informal な協働を通して授業実践に関わる日常的対話を増やし、同僚性を高める

　これまで従来型の校内研修に取り組んできた堺市立福泉東小学校の教員の皆さんにとっては、それは一種のカルチャーショックであったかも知れません。その期待と不安の中でのスタートの様子は、1年後に教員に対して行われたインタビューの中から読み取ることができます。

【初年度終了時のインタビューから】──────────────────

・そういうのは全く考えたことがない、それこそ23年もやってきて初めてのことだったので、ただただ驚きだったんですけど…。勉強ができる楽しみっていうか、それが大きかったですね。…すごく気を遣いました、正直言って。事前学習会はともかく。で、「模擬授業しませんか?」って言ったときに、みんなどんな反応かなと。私もやったことないのですよ、正直言って。ところが、誰も反対しなかったんですよ。「いいよ、やるよ」と。「えっ?」って。(研修担当)

・事前にみんなで詰めて良い授業しようっていうやり方のほうがストンと私は落ちるなと思って、納得でしたね。(支援学級担当)
・「私は研究授業の後の指導助言はしません」っておっしゃったのは、あれはまず驚いたのと、それよりも授業の前のことの方が大事だっていうお話は聞いて、すごくびっくりもしましたし、それどういうことなんだろうな?と。私短い経験年数ですけど、あとから教えていただくっていうスタイルしか知らなかったので、「どんな事するのだろ?」っていうちょっとワクワクする気持ちもありました。(5年生担任)
・最初はイメージしにくかったです。どういうものなのか。事前検討を重視して、その後研究発表したあとってどうなるの?みたいな。(教務主任)
・やりますって言われて。その視点はなかったと思った…斬新だなと思って。伺って、そっちのほうがいいっていうすごく思ったんです。(少人数担当)

次に、実際に堺市立福泉東小学校で実践された事前検討重視型授業研究の細かな段階を見てみましょう。**図2**に示したように、研究授業を含めそこまでに至るプロセスは四つの段階があります。

(1) 事前学習会【外部講師招請】

小学校の場合、特に算数等の教科では「できる」ことを優先するあまり、教科本来の目標(ねらい)がぼやけてしまうことがよくあります。ここでは、目標は何なのか、そのためにどのような指導が考えられるのかを具体的に研修します。ときには実際に学習具を作製したり、講師による模擬授業を体験したりします。また、全教職員が参加することを意識し、授業学年に至るまでの学年のどの学習と結び付いているのか、だから何に力を入れ取り組んでおく必要があるのか、また、今ここで育てる力は、後の学年のどこで生かされるのか等、系統性を意識した教材研究を行います。このことは、他学年の教材研究であるにもかかわらず、教員個々は自分事と捉えて参加できることに寄与します。研究授業を担当する学年または教員は、この研修を踏まえ指導案を作成するので、外部講師は、先行の実践事例や指導案例等については、積極的に情報提供するようにします。

① 事前学習会　**単元の教材理解と授業開発について、外部講師を招請し、全教職員で学ぶ**

・単元の目標（ねらい）
・系統性（既習の関連事項、未習の事項との関連）
・児童のつまずきや考え方の傾向
・指導実践事例や導入課題例、教材・学習具の紹介
・指導の際の留意点、重要なポイント

など

◀── 事前学習会を受け、学年・ブロック等で指導案の検討

② 研究cafe 1　**教員間で自然発生的に生まれる自主研修**

・「コーヒーでも飲みながら」という気楽なinformalな研修
・主に模擬授業への参加、意見交流
・時には、教具や学習具の作製も

◀── 研究cafe 1での意見を受け、学年・ブロック等で指導案の再検討

③ 研究cafe 2　**研究cafe 1を経て再検討した指導案による模擬授業**

・必要があれば外部講師を招請し疑問点や悩みの解決を図る

ちゃぶ台返し

④ 研究授業　**全教員が参加・外部講師は招請せず**

・全教員が目的、課題、問題意識を持って参加
・意見や感想の交流は自然発生的に

図2：事前検討重視型授業研究のプロセス

・自分の学年だけじゃなくて、他学年のことを知れるっていう良さ。で、こんな教材があって、こうやったら子どもってこうなるんだな、とかっていう、まず教材の魅力がいかに大事なのかというのもわかったかなと思います。（1年生担任）

・やっぱりその事前学習会とかで算数の本質的なところとか各つながりについて教えてくださったのがすごく良かったなと思いました。僕も大学時代に算数をやっていたんですけど、もう1回本質的なところで学べたので良かったです。（少人数担当）

・単元についていろいろ本質的なところを教えてくださいますよね。それで「あ、こういうことやりたいんだな」とか「何年生のこの時期にこういう勉強するんだ」って私はそこで知ることが出来て。で、まず内容がちゃんと分かるっていうのが一つ…。講師の先生が「きっとこういうふうに子どもたちは言うよ」って、そういう反応とかについても、おそらくこうだろうっていうシミュレーションができているので、実際に授業を見ても、「ああ、これ求めていたな」とか、私にはすごく噛み砕いてもらえる良い機会というか、だったなっていうふうに思うんですよね。事前学習会で色んな算数の本質的な部分と子どもに対する関わり方というか、教材の与え方とか、そういうことをいろいろ提示していただいて、なるほどと思って。で、そこで自分はちょっと気持ちを入れ直してもらえるんですよね。「あ、もうちょっと頑張ろう」というか。（音楽・家庭科専科担当）

（2）研究 cafe1（模擬授業）

　堺市立福泉東小学校では、この段階を「研究 cafe」と呼んでいます。この段階は、教員の自主的な参加の下で行われます。多忙な教育現場では、イレギュラーに様々な対応が発生したり、出張が入ったりと、研修の日程調整に頭を悩ませることは少なくありません。「研究 cafe」とは、コーヒーやお茶でも持参して気軽に集まろうという意味で名付けられたもので、「集まれる人で」というのが原則です。このような設定は、校内研修を informal なものにし、敷居を低くすることに寄与しています。ここでは、事前学習会を受けて考えた指導案にもとづいて模擬授業が行われます。授業者以外の参加教員が児童役になり、極力堅苦しくならないよう、ざっくばらんに意見交換しながら、和気あいあいとした雰囲気の中で模擬授業が行われます。時には、まだ思案中のため、この場で参加している教員に相談したり、意見を求めたりすることもありま

す。また、授業に必要な教材や教具・学習具を全教員で作製したりもします。この模擬授業の結果、授業を担当する学年または教員は、参加教員からの意見を参考に指導案の修正を行います。

【初年度終了時のインタビューから】

・まず悩みが共有できるっていうのと、みんな知っているからこそ聞ける。誰にでも聞けるっていうのと…細かいところまで考えられたかな、というのがあります。普段関わりのない高学年の先生とかにも聞けたし…、若手というか一番下の僕にとったら、みんなに助けてもらえたかなって。(2年生担任)

・やっぱり回数重ねるといい意味で慣れてきて、普段あんまりそういうときに意見を言わない先生でもいろいろ意見言ってくれたりとか、いい意味で慣れてきたので良かったかなって思いますね。(6年生担任)

・「集まれる人だけでいいから」という感じで、この間も、授業者にとったら何回かそういうのも設定ができて、授業者はすごく安心することもできたんじゃないかなと思うんです。自分のクラスだけとか自分の学年だけじゃなくって、ほんと子どもたち全員を見つめてるような気がしました、みんなで。(支援学級担当)

・事前検討では、自分のアイデアもどんどん言えますし、お互い思っていることも伝えられました。授業の後では、やっぱり遠慮してしまいますし、本音の部分が言えなかったりとか、そこが大きな違いですね。やっぱり、参加して辛くないというか、学びが多いっていうのが一番良かったんじゃないかなと思います。(5年生担任)

(3) 研究cafe2（模擬授業）【必要に応じて外部講師招請】

2回目の研究cafeです。もちろん参加は自主的なもので、必要があれば外部講師を招請します。ここでは、修正後の指導案を参加教員で模擬授業を通して確認します。また、疑問点や悩みがあれば、外部講師から指導や助言をもらいます。しかし、この段階でも目標に対応した適切な算数的活動が設定されていなかったり、考えを練り上げる際の視点がずれていたりすることがあります。その場合は、外部講師が途中から模擬授業を代わって行うこともあれば、指導の誤りを指摘する場合もあります。あ

る学校では、この段階での外部講師からの指導を「ちゃぶ台返し」と名付けています。きれいに料理が並べられた食卓をひっくり返すアニメのシーンになぞらえそのように名付けられたのですが、決して悪い意味ではなく、先生方からは「悩んでいたことが解決して、すっきりします。」と受け止められています。このように厳しい指摘や指導が、先生方から好意的に受け入れられているのは、これが研究授業後に行われる研究討議会の場ではなく、研究授業前の事前検討段階であるためと考えます。

【初年度終了時のインタビューから】

・2回目に講師の先生に見てもらって実際コメントもらうとより学びが深いというか、すごく良かったなと思いました。やっぱり指導案で検討しているだけではちょっと見えない部分っていうのが多いので、模擬授業1回2回ってやるのはすごくいいなあと思いました。(少人数担当)

・大きくここでも変わって、2回私変わったんですよ。1回目のときより、やっぱり2回目のときの方が、より板書もスッキリした。2回目のとき終わってからも意見もらったんです。講師の先生の言っていたことが、ちょっとここで薄れていたんです、1回目のときに。でも、来てもらって、またこのときに事前勉強会のときの言ってはったことが「あ!」って気づいて、「思い出した!」ってなって。で、こうやったら子どもの心をもっと揺さぶるということが分かって、子どもたちが流れに乗って考えられる授業プランというのが、自分の中で明確になったような気がします。(1年生担任)

・授業の具体的なところで検討ができるので…。発問の仕方だとか、実際に受けてみると「その発問じゃ子ども書けないよ」というとこもあって、それをみんなでワイワイ言いながらやって…。(少人数担当)

(4) 研究授業

　研究授業では、外部講師は招請せず、教員の参加だけで行います。従来の事後研究討議会重視型の校内研修の場合、参観者の心にまず起こるのは、「どんな授業をされるのだろう?」という思いではないかと思います。ここには、どこか懐疑的で批判的な感情の気配もします。しかし、この事前検討重視型の場合、参加する教員は、

既に事前学習会や研究 cafe にも参加しているので、一人ひとりが参観者であるだけでなく、授業の計画者でもあるのです。個々に目的や課題意識、問題意識を持って参観することができます。「あの課題に児童は食いつくのだろうか？」、「あの教具、学習具は児童が思考する際に有効に働くのだろうか？」、「児童からは、あの考えが出てくるのだろうか？」、「練り上げの視点は、活発な意見のやりとりに効果的だろうか？」など、参観者の心の内にある期待と不安は、授業者と同じ動きをしています。このように、研究授業が、授業を担当する教員だけの他人事から、全参加者個々の自分事と捉えることできるよう転換が図られます。

【初年度終了時のインタビューから】──────────────────────

・やはり全学年の授業に関わったという意識がすごくありました。…今回 1 年間通して、自分も研修に全部関わったぞという達成感とか、自分の学びにつながったなっていう実感がすごくあります。（5 年生担任）

・やっぱり以前まで研究授業っていうのは不安でしかなかったんですけども、その当日を迎えるに当たって、勉強して模擬授業やって相談もして、というのである程度固まっている。いろんな先生のアドバイスがあって、この方向で行こうっていうのが自分の中で決まっていたので、当日安心して授業できました。私にとっては、この回を踏んでいったというのが自分の自信につながったかなと思います。（1 年生担任）

・その授業の中で一番大切にしたい部分が見えてきたりとか、…上手く行ったこととか、予測したことと同じ反応が子どもたちから返ってくるとすごいみんなが嬉しかったり。自分は授業してないんですけど、なんか授業者の一員になった気分で研究授業がずっと見られていたので。今までそういうのってあんまり…、今までは悪いところを探すわけじゃないけど、後の検討会のときにこういうこと言ったほうがいいなとかをメモしていたのが、そういうことをこの 1 年全然しなかったので、それが大きな変化というか、成果かなと思います。（教務主任）

・事前に知っていたからこその、こっちも「そうそうそう」「それが必要」「その発問いるよね」みたいなのがわかったので、授業を見ていても楽しかったっていうのがあります。（2 年生担任）

・・・・・・・・・・・・・・・・・ **3. 成果** ・・・・・・・・・・・・・・・・

　このように、期待と不安の船出となった堺市立福泉東小学校での事前検討重視型
授業研究ですが、初年度を終えた段階で先生方は、その成果をどのように捉えられ
たのでしょうか。インタビューから見てみましょう。

【初年度終了時のインタビューから】────────────────────
- 皆さん言っていたんですけど、研究発表するとか公開授業するとかが嫌じゃなくなったって。「私の学年でして」って思うくらい勉強になったし楽しかったって言っていました。…1年生の担任であっても2年生のも見られるし3年生のも学べるし、すごい財産が増えたなって思います。（教務主任）
- 学校にとって授業に対するスキルが上がったのと、学校全体で子どもを見られたというか、学校全体で子どものことを考えられたっていうのが、学校にとって良かったことなんじゃないかなと思います。（支援学級担当）
- やっぱり全部ポジティブっていうか、内容が。こうしたら「良かったんじゃない？」じゃなくって、こうしたら「良いよね」っていうところで話がずっとあったし、前向きだったというか。だからたぶん良かったなっていう気持ちだけが残っていると思うんですけど。事前にやっているっていうことだと思います。（少人数担当）
- 模擬授業もみんな慣れてきたのですごくいい雰囲気でできましたし、やっぱりマイナスな雰囲気が出ないのでね。この事前学習会は、やってきたことの反省とかじゃなく、生み出すことなので、これからの生み出すアイデアのプラスの学習会なので、だからみんな気分良くできた。（6年生担任）
- 堅苦しくないっていうんですかね。終始和やかというか。…こうしたら、こういうのが出てきそうですねとか、誰々さん言いそうですねとか、そういう子どもの具体的な反応とか、そういうのをみんなで想像できるところ。（音楽・家庭科専科担当）
- 私たぶん「6本とも授業できるのと違う？」って思えるくらい、…私、冊子係でもあって、冊子をみんなで作っていたからですけど、「これどれでも授業分かるよね」って。「それってすごいことじゃない？」って。普通、研究冊子って、違う学年のを見ても分からないんですよね。

…1時間の流れ見たら「そうそうそう」って分かる。それってすごいなぁと思って。やっぱり一つひとつの授業を一緒に作ったからだろうなっていう思いがありますね。(研修担当)

・まあ絆が強くなったって言ったらキレイな言い方ですけれども、職員同士が仲良くというか何ていうんですか、同じ方向に向いて連携っていうかチームワークが強まったことかなあと思いますね。(支援学級担当)

・やっぱりみんなで模擬授業をやって、みんなで作り上げたっていうのがすごくいいかなと思いましたね。事前に見てもらったほうが「そうか？」っていうので納得して授業できるし、あとから言われてもね。事前に学習会、模擬授業やることで良かったんじゃないかなって思いました。(少人数担当)

　教員に対するインタビューからは、事前学習会での外部講師による基礎知識や先行実践事例、教材例、課題例の提供を通し、他学年の学習内容や系統性といった教科に対する視野の拡大や授業の改善、教職経験年数の少ない教員の成長等、教員の成長全般に大きく寄与していることが読み取れます。また、研究cafe（模擬授業）への外部講師の協働的スタンスによる参画は、安心感を生み出し、研究授業に対する心理的負担感を軽減するとともに、校内研修に対する前向きな意識を生み出していることが分かります。

　教員の自主研修である研究cafeは、協働開発とcafe的空間が、温かい雰囲気や、安心感、相談のしやすさという環境を生み出し、多様な意見の交流や自分事感をもって各学年の授業研究を捉えられるなど、教員の成長や校内研修に対する前向きな意識に合わせ、教職員組織の構築にも大きく貢献していることが分かります。

4. ポイント

　この事前検討重視型授業研究を進めるにあたってのポイントをいくつか紹介します。

(1) 校内研修の具体的目標の設定

　どの学校でも校内研修に取り組む際にはテーマを設定します。堺市立福泉東小学

校でも「対話を通して自らの考えを広げ『深める』児童の育成」という研究テーマが設定されました。しかし、テーマを設定するだけでは毎回の研究授業が良かったのかどうかの繰り返しで終わってしまうということも少なくありません。1回1回の研究授業より、むしろそれをつないでいる日々の授業が重要です。そこで、校内研修に取り組む教職員集団は何をめざすのか、年度を超えた具体的ゴールを設定し、研究授業にとどまらず日々の授業に意義付けをすることが重要です。今回は、児童が学びをどう広げ、深めたのかをノート記述から見取ること、そして3年後にはノート記述を学校として評価に組み込んでいくことを提案しました（図3）。そのことにより研究授業だけでなく、日々の授業の改善を意識するとともに、児童の学びをしっかり見ていくという継続的な営みが生まれます。

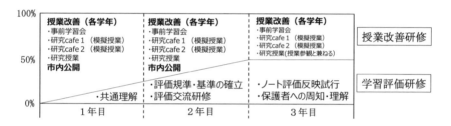

図3：堺市立福泉東小学校の研修計画

（2）学校規模

　堺市立福泉東小学校は、全学年単学級、全校児童数160名ほどの小規模校です。教職員数も16名ですから、教職員が協働するには容易であると言えます。これまでも、提案に賛同いただいた学校では同様のスタイルで校内研修を行ってきました。各学年2〜3クラス程度の学校では、同様の成果を出していただいていますが、大規模校になった場合は、研究cafe等の持ち方について、工夫する必要があると考えます。

（3）研究cafeの回数の増加と日程調整

　教員も研究が進めば進むほど、欲が出てきます。堺市立福泉東小学校でも実際に起こったことですが、授業者は不安があれば研究cafeを開いて意見を聞きたいとい

う思いを持ち、自然と回数は増加していきます。研究 cafe はあくまでも自主研修という位置付けであるものの、やはり多くの教員は参加しなければならない、という思いを持ちます。そして、そうなってくると、教務担当の教員もできる限り多くの先生方が参加できるようにと日程調整に苦慮します。つまり、一生懸命取り組もうとすればするほど、自らの首を絞めてしまうという状況に追いこまれてしまいます。研究 cafe は、自主参加であることをしっかり共通理解し、あえて日程調整せず、集まることのできる教員だけで無理をせず気楽に行うことが重要です。出張や家庭の状況等、個々に抱える参加できない状況は互いに理解し合い、認め合うことが重要です。

（4）心理的負担感の軽減（研究討議会）

　研究討議会は、研究授業のリフレクションの機会として、大変重要な役割を果たしており、決してその効果を否定するものではありません。しかし、一方でその機会は批判的な見方や排他的な感情を生み出し、教員の研究授業や校内研修に対する心理的負担感を増大させ、モチベーションを下げてしまっている側面があることも事実です。事前検討重視型授業研究では、勇気をもって事後の研究討議会の実施を取りやめます。そのことにより、研究授業を担当する学年または教員は、安心して研究授業に取り組めます。また、様々な意見は、事前の研究 cafe 等で出し尽くすことが重要です。終わってからの意見（過去形）ではなく、これからに向けての意見（未来形）で深めていきます。実際に取り組んでみると、十分に検討を重ね協働で作り上げた授業に対しては、事後に討議しなければならない要素は、そう見当たらないということが分かります。そして、研究授業を担当する学年または教員から「せっかくだから、意見を聞かせてほしい。」、「ここは、どうすればうまくいったと思う？」という言葉が聞かれたら、そのときこそ、意見を受け止める準備ができたというサインなので、意見交換の機会を持つことも悪くないと思います。その際には、職員会議の中の 10 分程度をその機会に用いるのもいいと思いますし、堺市立福泉東小学校では、メッセージカードに書いて交流しているそうです。また、研修担当は「研究だより」（**図 4**）を発行しており、メッセージカードの内容等の共有の機会としています。

図4：研究だより

（5）物理的負担感の軽減（指導案の作成）

　指導案の作成というのは、校内研修においては研究授業を担当する学年または教員個人に任せられる個業と言えるでしょう。これが、物理的な負担感をもたらす一つの大きな要因となっています。事前検討重視型授業研究では、事前学習会において全教職員参加の下、単元の目標から教材理解、系統性等を学習しています。また、研究 cafe においては、当該学年の児童の実態、それにもとづく指導計画について十分に交流、意見交換を行います。それらを踏まえ、研究授業での指導案の可能な限りのスリム化を図ります。最低限必要な内容は、本時の目標と評価、本時の展開と捉えておけばいいと思います。事前検討（事前学習会、研究 cafe）に参加している教職員にとっては、それだけで授業は十分理解できます。もし、記録として残したい場合は、研究授業実践後に、実際の実践を反映した形で指導案を書き上げるといいでしょう。これまでに実践された多くの指導案が手元にあるが、果たして実際の授業はどうだったのかよく覚えていない、ということはよくあります。それよりも、実際の実践にもとづいて指導案を記録として残すと考えた方が、次に活用できてよいのではないでしょうか。

（6）効果検証

　最近の校内研修の傾向とし
て、学力向上を目的として、学
力調査等の正答率を効果検証
に用いる状況が多く見受けられ
ます。学力形成の要因は、学
校の授業だけでなく、家庭背景
等多岐にわたる要因が複雑に
影響し合っていることは、既に
知られているところです。1回
研究授業をしたところで、1年
間校内研修に取り組んだところ
で、そう簡単に結果に表れるも
のではありません。日々のノート
記述の変化に合わせ、学習状
況調査にある意識調査や学校
内にある児童の行動変容が表
れやすい統計データ（堺市立福
泉東小学校の場合：不登校児童
数、遅刻児童数、学校管理下に
おける災害などの推移）等から、
児童の変容を多角的に捉える
必要があります（図5、図6）。

（7）外部講師招請

　最後に、校内研修において、
まだまだ事後研究討議会重視

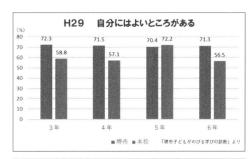

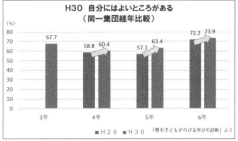

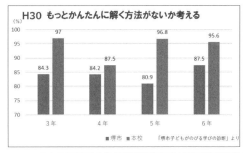

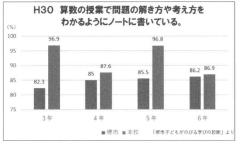

図5：児童の意識調査

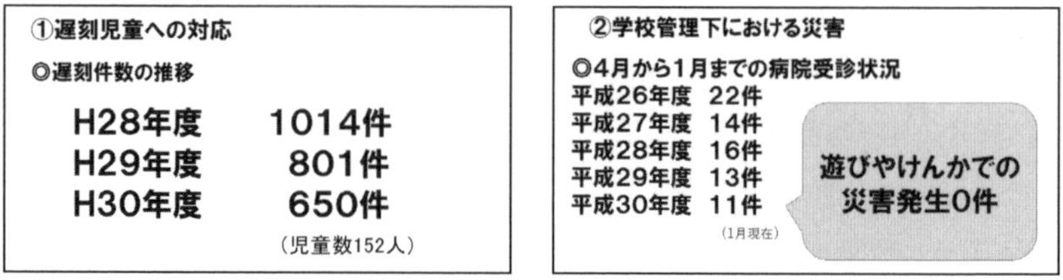

①遅刻児童への対応

◎遅刻件数の推移

H28年度	1014件
H29年度	801件
H30年度	650件

（児童数152人）

②学校管理下における災害

◎4月から1月までの病院受診状況
平成26年度　22件
平成27年度　14件
平成28年度　16件
平成29年度　13件
平成30年度　11件

遊びやけんかでの
災害発生0件

（1月現在）

図6：児童の行動変容が表れやすい統計データ

型が一般的ななか、事前検討から継続的に協働的スタンスで関わってもらえる講師の選定が重要な課題となります。都市部においては、設置者である教育委員会と大学等研究機関との連携により、可能となる部分もあるでしょう。また、教育委員会指導主事の校内研修に対する効果的な関わり方についての改善も、これからの検討課題となるところです。

（新坊　昌弘）

（町支　大祐）

（中堂　寿美代）

（脇本　健弘）

実践編

《実践事例6》データにもとづく授業改善
―学力調査分析ワークショップ―

・・・・・・・・・・・・・・・ **1. はじめに** ・・・・・・・・・・・・

　ここでは、学力調査データを教員間で協働して分析することにより、学校全体でカリキュラム改善および授業改善を図るためのワークショップについて紹介します。

　このようなワークショップが必要とされる背景は2点あります。第一に、学校内でのベテランから若手への授業改善に関するノウハウの伝達や共通理解の構築が十分でないためです。国際調査においても明らかになっているように、日本の先生方は世界で一番忙しく（国立教育政策研究所2019）、また大量退職とそれに伴う大量採用により、ベテラン教員と若手教員の二極化が進んでいることからです。

　第二に、データにもとづいて授業改善を行うことが学習指導要領でもカリキュラム・マネジメントとして求められている一方で、データ分析の専門家でない教員が、何をどう分析して授業改善につなげてよいか、悩まれている先生方が多くいらっしゃるためです。

　ここで紹介する学力調査分析ワークショップでは、文部科学省が2007年から全国の小学校6年生と中学校3年生全員を対象に実施し、参加校に結果が提供されている全国学力・学習状況調査（以下「全国学力調査」）のデータを利用します。文部科学省によると、全国学力調査の目的として下記の3点が挙げられています（文部科学省2007）。その2・3点目の目的から、学校において授業改善に取り組むためのデータとして活用されることをねらっていることがわかります。

・義務教育の機会均等とその水準の維持向上の観点から、全国的な児童生徒の学力

> や学習状況を把握・分析し、教育施策の成果と課題を検証し、その改善を図る。
> ・学校における児童生徒への教育指導の充実や学習状況の改善等に役立てる。
> ・そのような取組を通じて、教育に関する継続的な検証改善サイクルを確立する。

　ここで全国学力調査のデータを利用する理由は、基本的に全数調査（抽出形式で行われた 2010 年から 2012 年を除く）のため、教育委員会や学校で自前の調査をしなくても、すべての公立小・中学校にすでにあるデータであること、自分の学校が所在する都道府県や全国の状況と結果を比較可能であること、によります。

・・・・・・・ 2. 学力調査分析ワークショップ ・・・・・・・

(1) 実践の概要

　学力調査分析ワークショップの設計には、ジグソー法（三宅ほか 2011）を参考にしています。ジグソー法とは、学習活動の中で利用する素材をグループメンバーで分担して担当し、それぞれの素材について学習を行い、元のグループに戻って学習内容を組み合わせることにより、問いへの回答を考えるアクティブ・ラーニングの手法です。本ワークショップでは、「自校の児童生徒が伸ばすべき資質・能力」について、全国学力調査の結果帳票を素材として考えていきます。本ワークショップでジグソー法を利用する理由は、分析に若手・ベテランを含む先生方の多様な視点を導入できること、全国学力調査の結果帳票が膨大であり、分析を役割分担できたほうがよいこと、が挙げられます。

　ワークショップは、3 人 1 組のグループで実施することを基本とします（理科および中学校英語が実施される年度は 4 人 1 組のグループとします）。利用する結果帳票として、学校に返却されている結果帳票の中から、国語・算数（中学校では数学）を担当する教員には、各教科の問題冊子と「問題別調査結果」「問題別（解答類型）調査結果」を教科ごとに印刷して手渡します。質問紙を担当する教員には「回答結果集計（児童生徒質問紙〈グラフ〉）」を印刷して手渡します。

本ワークショップでは、統計的に意味のある差があるかどうかよりも、分析者である先生方自身が、多くの調査項目の中から差のある項目を抽出し、その項目のその差に意味を見いだすことを重視します。そのため、分析の際に注目するポイントとして「比較基準を決めて比べる（全国との差をみる）」「5ポイント以上の差がある項目を抽出する」ことを示します。全国との5ポイントの差を検討する理由は、多くの自治体・学校が5ポイント以内の差を「全国と同程度」としてきている慣例によっており、あくまでも目安です。

　まず、分析を通じて考えたい問い「児童の伸ばすべき資質・能力とは」を提示した上で、グループワーク前半（エキスパート活動）では、国語・算数数学・質問紙の分析を担当する先生同士で集まって、話し合いながら結果帳票を分析します。グループワーク後半（ジグソー活動）では、グループを組み替えて、どのグループにも一人ずつ国語・算数数学・質問紙を担当した先生がそれぞれいるような状態で、前半で分析した国語・算数数学・質問紙の結果を組み合わせて、最初に提示した問いへの回答を考える、というのが基本的な流れになります（**図1**）。

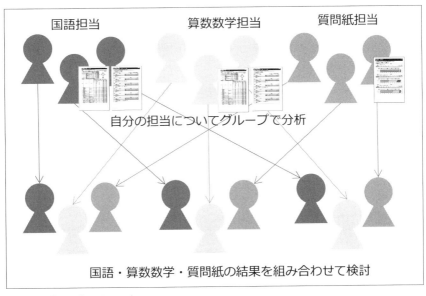

図1：ジグソー法のイメージ

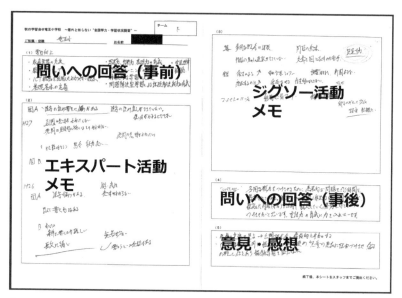

図 2：ワークシートのイメージ

　グループワークには、**図 2** のようなワークシートを A3 判で印刷して利用するとよい
です。分析途中の議論のメモを残すとともに、ワークショップの要である「伸ばすべき
資質・能力」について、事前・事後の自分の考えを可視化しておくことで、ワークショッ
プを通じた考えの変化を自身でも捉えやすくすることをねらっています。

　あるいは、ディスカッションを活発にするために、付箋、マーカー、模造紙を準備す
るのもよいでしょう。エキスパート活動では分析結果を付箋にメモし、ジグソー活動で
は模造紙上で付箋を組み合わせて問いへの回答を考える、といった使い方をするこ
とができます。

　ワークショップのタイムラインは**表 1** のとおりです。

（2）京都市立向島東中学校の取り組み

　宇治川のほとりに位置する京都市立向島東中学校は、1 学年 3 学級、全校生徒
200 名程度、教員数 20 名弱の中学校です。2016 年度より、内田洋行教育総合研
究所と連携して、学力調査分析ワークショップを校内研修として取り入れてきました。

概要	内容
趣旨説明、話題提供 （15分）	・分析を通じて考えたい問い「自校の児童生徒が伸ばすべき資質・能力とは」を提示 ・「伸ばすべき資質・能力」（事前）を個人でワークシートに記入
グループワーク① エキスパート活動 （30分）	・国語・算数数学・質問紙のグループごとに分かれ、同一資料の担当になった教員同士で分析を行う
グループワーク② ジグソー活動 （30分）	・別種類の資料を担当した教員でチームを組み、分析からわかったことを共有・統合して問いへの回答を考え、模造紙等にまとめる
クロストーク・まとめ （15分）	・問いへの回答をグループ間で共有する ・「伸ばすべき資質・能力」（事後）を個人でワークシートに記入する

表1：ワークショップのタイムライン

　研究主任の逆水由紀先生（2017年当時）は、本ワークショップを取り入れた背景として、若手教員が増えていることを挙げます。多くの学校がそうであるように、団塊の世代の大量退職を受け、向島東中学校も、校内の半数以上が20代〜30代の先生方です。そのような中で、ベテラン教員と若手教員が、自校のデータをもとに授業改善・カリキュラム改善について話し合う機会が貴重だと言います。

　2017年度には、学校教育目標を出発点に、先生方で全国学力調査のデータを分析し、ディスカッションする校内研修を行いました（学びの場.com 2018）。前半のグループワークでは、各自が特徴的な調査結果について分析を行いました。その結果、学校として力を入れている「話し合う活動」については「よく行った」と答えた生徒の割合が全国の平均よりも高い一方で、国語の活用を問う問題の正答率と比べて、知識を問う問題の正答率に課題があることがわかってきました（図3上）。問題の内容を確認すると、問題としては単純なのに解けていない場合があり、解くために必要な文章を読むときの基本的な語彙が十分でない可能性が見えてきました。

　これを受けて、後半のグループワークでは、各自で行った分析を持ち寄ってディスカッションを行いました。アクティブ・ラーニングの機会は充実してきていることがわか

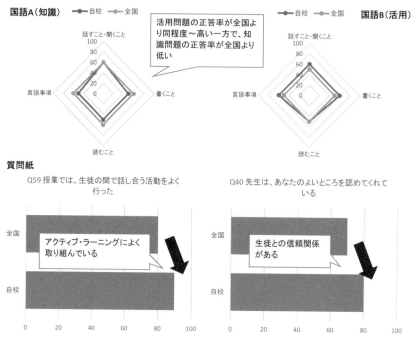

図3：分析の例（グラフは同校の実際の数値とは異なります）

図4：ワークショップでの議論のようす

るので (図3左下)、多くの生徒が発表できる機会を設け、教員がそれぞれの生徒の
がんばりを認める (図3右下) ことで、皆が自分の言葉で表現できる活動を生徒に促
し、基本的な語彙力から伸ばしていくことができるのではないか、といった意見が出て
きました。この分析を受けて、授業で取り組むこととして、あるグループからは「グルー
プ活動が終わった発表のときに、『今の発表で分からなかったところある?』『この言
葉を丁寧に説明するとどう言う?』『もう一回詳しく言ってくれる?』など、一つの発表か
ら生徒同士をつなげていく」といった、具体的なアイデアも出てきました。アクティブ・
ラーニングに取り組むだけでなく、それをより深いものにしていくための具体的な手立
てが、ワークショップを通じて先生方で共有されたと言えるでしょう (**図3、図4**)。

　本ワークショップの効果として、自校の生徒の学力・学習状況に関する先生方の意
識共有が挙げられます (平野ほか 2017)。2017 年度参加された先生方からは「普段
生徒と接しているだけでは把握できなかったデータをもとに考えることができた」「他
の教科の生徒を見る目を共有でき、自分の中の生徒観を磨くことができた」といった
声が届きました。このように、向島東中学校では、データをもとにした授業改善・カリ
キュラム改善が進みつつあります。

・・・・・・・・・・・ **3. 取り組みのポイント**・・・・・・・・・・・

(1) 実践がうまくいくコツ

① 　ベテラン教員・若手教員「混成」のグループ編成

　授業改善について、教科を超えて、ベテラン教員と若手教員で話し合う機会は意
外とないものです。エキスパートとジグソーのグループに、ベテランと若手がちょうどよ
く混ざるよう、グループ分けを事前に決定しておくとよいです。

　また、全国学力調査で毎年実施される教科は国語と算数数学なので、中学校では
とくに、教科担当の先生を当てるのがよいと思われがちですが、教科の分析に国語や
算数数学の先生を割り当てることは、必須ではありません。向島東中学校でも、理科

の先生が数学のデータを分析され、ある記述式問題の正答率が低いことを受けて「私の授業でも、根拠をもとに説明することが苦手なんですよね」と、共通する課題に気づかれることがありました。担当教科よりも、教員の年代が混ざるようなグループ分けをしたほうがよさそうです。

② 一歩踏み込んでデータを「解釈」する

「全国と比べて5ポイント高い・低い」項目を見つけ出すだけでは、分析したことになりません。それはあくまで、事実の列挙にすぎません。分析には、「5ポイント高い・低い」という事実について、その理由や根拠を考えること、つまり、データを解釈することも含まれます。たとえば「知識に関する問題の正答率が低い」という結果一つとっても、解釈はさまざまあり、一つの正解があるものではありません。深い分析・考察をするためには、教員の思いや主観・経験を含めることも必要です。子どもたちを毎日一番近くで見ているのは、現場の先生方なのですから。

③ データを「組み合わせて」言えることを考える

逆に言うと、一つのデータだけから結論を出さないということでもあります。単純に、知識に関する問題の正答率が低いから、これを高める必要がある、とするのではなく、知識に関する問題の正答率が低い背景について、他教科や質問紙の結果も含めて多面的に考えることが重要です。

(2) 注意すべき点

全国学力調査で出題されている問題は、文部科学省として育てたい子どもの姿の方向性を示す意欲的な問題が含まれますが、子どもたちの資質・能力のすべてを捉えるものではありません。テストという性格上、測定できるのは学力の特定の一部分であること、学校における教育活動の一側面であることを意識しておく必要があります。

現在の全国学力調査は出題される問題が毎年異なり、単純な正答率の比較ができないため、また義務教育段階における一部の学年のみを対象にしているため、同一個人の経年変化や集団全体の学力の伸びを捉えることができるものではない点にも留意が必要です。

（平野　智紀）

〔参考文献〕

・平野智紀, 原田悠輔, 加藤紗夕理, 畑中一良 (2017) ジグソー法と反転学習を活用した全国学力・学習状況調査分析ワークショップの開発. 日本教育工学会論文誌 41 (Suppl.) 113-116.

・国立教育政策研究所編 (2019) 教員環境の国際比較：OECD 国際教員指導環境調査 (TALIS) 2018 報告書. ぎょうせい, 東京

・学びの場.com (2018) 全国学力・学習状況調査の結果をどう読み解くか：カードで共有する分析ワークショップレポート.
https://www.manabinoba.com/event_reports/017369.html (参照日 2020.1.30)

・三宅なほみ, 齊藤萌木, 飯窪真也, 利根川太郎 (2011) 学習者中心型授業へのアプローチ：知識構成型ジグソー法を軸に. 東京大学大学院教育学研究科紀要 51, 441-458.

・文部科学省 (2007) 全国学力・学習状況調査の概要.
https://www.mext.go.jp/a_menu/shotou/gakuryoku-chousa/zenkoku/1344101.htm (参照日 2020.1.30)

実践編

《実践事例7》これからの学びをデザインする
―教師の学びを「探究」にする―

・・・・・・・・・・・・・・・・ **1. はじめに** ・・・・・・・・・・・・・・・

（1）本実践で目指したこと

　「自信がなくなってしまいそうになることがよくありましたが、普段から学ぶことはしていたんだと思えて、ちゃんと考えていけそうな気がしました。とにかく、ずーっと分からなかった学ぶことの楽しさを実感できてうれしいです。涙が出そうになるくらいです。本当です。」

　多くの教師が授業研究に対して「時間がない中で負担が大きい」「形骸化していて意味がない」等のネガティブなイメージを、多少の差はあれ抱いたことがあるのではないでしょうか。一方で、多くの教師が授業を子どもたちにとって意味のある楽しいものにしていきたいと願っているはずです。冒頭の文章は、多くの教師と同様にそんな葛藤を抱えていたある教師が、本実践の中心となる研修後のリフレクションに記述した内容です。本実践は「探究」をキーワードに、上の記述に表れているような、教師自身が自らを「学習者」として捉え、学ぶことの意義や楽しさを自覚することを目指したものです。

（2）背景―学習指導要領と総合的な学習の時間―

　小学校学習指導要領（平成29年告示）では「主体的・対話的で深い学び」の実現に向けた授業改善が求められています。同『解説総合的な学習の時間編』では、

前回改訂時に示された探究のプロセスを取り上げ、「その過程の中で、実社会や実生活と関わりのある学びに主体的に取り組んだり、異なる多様な他者との対話を通じて考えを広めたり深めたりする学びを実現することが大切にされてきた。」（文部科学省 2019）と説明しています。このことから、探究のプロセスが志向してきたものは学習指導要領の目指す授業改善と大きく重なるものであり、総合的な学習の時間（以下「総合学習」）の充実は、学習指導要領の理念の実現に向けて重要なポイントであると捉えられます。

　しかし、総合学習は目標や内容を学校で定めるとされていて、教科書も指導書もありません。そのため、実践に対して不安を感じている教師も決して少なくはありません。教師が総合学習の目標や内容に対する理解を深め、単元計画や指導のコツをつかみ、自信をもって実践に取り組むことができるようにしていくための取り組みが今後さらに求められていくものと考えられます。

（3）A小学校の課題

　本実践の対象となるA小学校は、平成 15 年より総合学習を柱に、授業研究を中心として校内研究に取り組んできた学校です。各学級担任は年間複数回の研究授業を実施し、優れた講師に指導を仰ぐことができています。一方で、A小学校のあるB市全体で経験年数の浅い教師が増加傾向にある中で、他の学校と同様に教師の入れ替わりもあり、校内研究の円滑な引き継ぎが難しくなっていました。そのため、上述の総合学習の特性も相まって、実践や研究の推進に対して前向きな気持ちはあるものの、難しさを感じている教師も少なくありませんでした（**表1**）。そこで、充実した環境のもと、教師の熱心な取り組みがあるにもかかわらず、不安・困難を払拭しきれずにいる状況を改善すべく、A小学校の授業研究の進め方を改めて見直しました。

a 教諭	自分にとって難しいことは、生の意見をどう交通整理するかの瞬時の判断です。子どもをよく見つめて判断する経験を重ねるしかないところだとは思っていますが、課題です。
b 教諭	学習材を決め、候補をどれだけ語れるか。やらなければならないことなのでやるのですが、見通しをどこまで正確に可能性も含めて考えられるか、難しさよりも不安が大きいです。

表 1：A小学校の教員の抱える不安・困難
（H30.4.10 A小学校 研究全体会 リフレクションより抜粋）

A小学校での授業研究は、**図1**のような流れで協働的にPDCAサイクルを機能させ、授業中の子どもの事実に即して「次の時間はこうしよう。」「次に同じ単元をやるときには、ここに気を付けよう。」等、具体的な改善方法を見いだすことができていました。しかし、このように議論が具体的な授業に終始していては、そこで学んだことは他の単元や授業へと転用することはできません。第2部理論編で紹介された「ALACTモデル」(16頁以下参照)のプロセスに沿って考えるならば、**図2**のA₃に示したような、他の単元でも生きて働く持論の形成が意識されていない点に問題があると言えます。

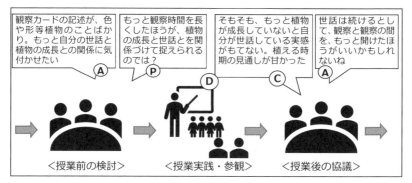

図1：これまでのA小学校の授業研究会の様子

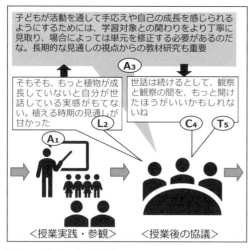

図2：取り入れたい要素

(4) 問題の解決に向けて

そこで、着目したのが、総合学習の「探究のプロセス」です。探究のプロセスが回りだすと、子どもは自ら設定した課題の実現に向けて生き生きと活動します。そして、自らの追究を振り返る中で、対象に関する生きて働く知識を獲得していきます。そこで生じる新たな疑問や手応えが原動力となり、さらに追究が深まっていきます。その姿に、A小学校の授業研究を改善する手掛かりがあるのではないかと考えました。

A小学校では、そのような探究的に学ぶ子どもの姿について長年の研究を通して共有されています。そして、その具現化に向けた指導・支援の有り様についても、多くの知見を蓄積してきました。「授業研究を、『探究のプロセス』のように展開する」という捉え方ができれば、これまで目指してきた子どもの姿がロールモデルとなり、教師自身が学習者としてどのような知識や技術をどのように獲得していくべきか自覚することができ、さらに、目指す子ども像に迫るために行ってきた指導・支援を手掛かりに授業研究を改善するための方法を見いだすことができるのではないかと考えたのです。以上の考えを整理したのが**図3**です。これまでの校内研究で蓄積してきた具体的な子どもや教師のエピソードをもとに、①探究的に学ぶ子どもの姿と②そのための指導・支援を整理する。それを参考に③学習者としての教師の姿と④それを支える授業研究の方法を整理する。それによって授業研究を学びの場として機能させ、教師の授業力の形成を実現する。そのような考えのもと、①〜④のつながりを捉えるべく、本実践の中心となる研修「A小学校の授業研究を『探究』にする」を実施することにしました。

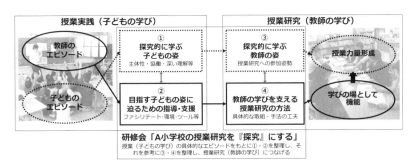

図3：本実践の基盤となる考え方

・・・・・・・・・・・・・ 2. 実践の紹介 ・・・・・・・・・・・・・

(1) 研修の実際

　研修は夏季休業を活用して2日間実施しました（**表2**）。研修には出張等でやむを得ない場合を除き、基本的にはすべての教員が参加しました。研修のイメージは**図4**に示したとおりです。1日目と2日目で同じ形式のワークシートを用いることで、子どもの学びとしての授業実践をロールモデルとして、教師の学びとしての授業研究を同じ構造で関連付けて捉えやすくするようにしました。その成果を目的別に整理したものが、**表3**になります。その内容を見ると、本実践が目指す、探究のプロセスによる持論の形成の具現化に寄与し得る様々な改善案を見出すことができたことが分かります。

　両日とも、最後に短く今後の実践や研究に対する決意を簡潔にまとめてもらいました（**表4**）。1日目は目指す子ども像について、2日目は目指す学習者としての自己につ

日		内　　　容（O：オープニング　M：メインアクティビティ　C：クロージング）	時間
1日目	O	(1)　研修の目的・意図についてのレクチャー	20分
	M	(2)　活動①　目指す子ども像について	
		ⅰ　低学年・中学年・高学年の部会ごとに、簡単に役割分担を行う	5分
		ⅱ　個人で付箋を書く	10分
		ⅲ　話をしながら書いたものを出し合い、まとめたり、つないだりする	30分
		ⅳ　まとまりにラベリングをしたり、具体的なエピソードで解釈を書き入れたりする	30分
		ⅴ　全体共有：各グループ5分で報告	15分
	M	(3)　活動②　目指す子ども像に迫るための『指導者』としての教師について	
		ⅰ　①の成果物を見て、関連付けながら、各自付箋を書く	10分
		ⅱ　①の成果物に関連付けながら付箋を貼っていく	30分
		ⅲ　全体共有：各グルグループ5分で報告	15分
	C	(4)　1日目のまとめとリフレクション	30分
2日目	O	(5)　2日目の流れの説明	10分
	O	(6)　2日目の内容理解のためのアクティビティ	30分
	M	(7)　活動③　目指す『学習者』としての教師像について	
		ⅰ　1日目①の成果物を参考に目指す学習者としての教師像について各自付箋に書く	10分
		ⅱ　ワークシートに貼りながら、共有する	30分
		ⅲ　全体共有：各グループ5分で報告	15分
	M	(8)　活動④　教師の学びの場としての授業研究会の取組と工夫について	
		ⅰ　③の成果物を見ながら、継続して重視すべきこと、改善点等を各自付箋に書く	10分
		ⅱ　③の成果物に関連付けながら貼っていく	20分
		ⅲ　生活科の視点からさらに付け加えられることはないか、話し合いながら付け足す	15分
		ⅳ　全体共有：各グループ5分で報告	15分
	C	(9)　2日目のまとめとリフレクション	30分

表2：研修のプログラム

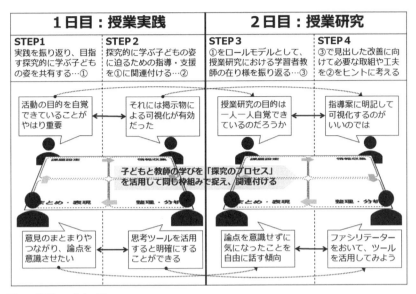

図 4：研修のイメージ

目的	成果物に記述された改善案（一部抜粋）
A：議論の可視化 指導案検討や授業後の協議会において、論点や意見の構造を可視化する	・ホワイトボードや画用紙を使いまとめながら ・検討時の論点が見えるように思考ツールを使って記録する
B：部会・個人の課題 部会の課題、個人の課題を明確にし、そのつながりを意識する	・普段の授業を見合う ・指導案の表紙に部会、個人の視点のそれぞれを明記する ・部会の課題を校内研究だよりで明確にする
C：情報の共有 部会の議論や課題、各個人の課題等を共有する	・指導案検討の時期を早く ・成果と課題、部会の課題を校内研究だよりで共有 ・部会の検討内容を可視化しながら記録し、推進委員会で共有
D：論点の整理 課題を意識し、課題に沿って、論点を明確にして議論する	・子どもの発問、つぶやきを記録する際に常に視点、課題を意識できるような記録用紙の工夫（付箋の活用） ・講師にも部会の課題を伝え、共有してもらう
E：情報収集の充実 議論の根拠となる授業記録の質・量を充実させる	・授業記録の（事実＋所感）気になる発言に印 ・座席表を詳しくする ・子どもの振り返りを共有し、情報源とする
F：持論の形成 授業研究会を通して個人として考えたこと、学んだことを明らかにする、自覚する	・校内研究だよりに記録だけでなく記入者の考えも書く ・毎回短冊を書いて共有、宣言する ・講師の話のコピペではなく、自己の課題に対する振り返りや「自分だったら」を考えてリフレクションを記入する

表 3：A 小学校の改善案

1日目：どんな学習者（子ども）の育成を目指していきたいか	2日目：授業研究に、学習者としてどのような姿勢で臨みたいか
・課題を意識した探究のスパイラルができる子ども ・「自分は○○をしたい、○○になりたい、だから〜する」と言える子ども ・「知りたい」と思い続ける子ども ・多くのことを自分事として捉え、自分の世界を広げられる子ども ・友達や教師の話している内容をきちんと理解して話し合える子ども	・課題に沿った視点をもつ ・自分の学びを意識して臨む ・常に疑問をもって参加する ・自分の授業へ生かせることを探し、実践していく ・一人ひとりのメンバーの課題を自分事とする子どもも先生も達成感や次の目標が得られる授業研になるようファシリテートする

表4：クロージングの「決意」の記述

いて記入してもらいましたが、両者を比較すると、質的に大きく重なりが見られることが分かります、このことから、探究的に学ぶ子どもの姿をロールモデルにする、という本研修のアプローチが有効であったと捉えられます。

(2) 研修後の変化

　研修の後、表3に示した改善案の中から実際に取り組めるものを取り入れていきました。例えば、個人の課題設定シートの活用や校内研究だよりの発行、授業後の協議会の可視化等です。

　そのような取り組みや手法の工夫によって、実際にA小学校における授業研究を通した教師の学びにどのような変化が見られたのか、授業研究後に毎回記入している教師のリフレクションの記述をもとに夏季研修の前後で比較しました。具体的には、教師が学んだことに関しては、大きく三つに分類し（**表5**）、その割合が研修前後でどのように変化しているか分析しました。

　その結果、研修前に比べて、研修後には、①のような、授業研究の対象となった単元や授業に固有の具体的な改善策としての知識の割合が減少し、より汎用的な知識についての記述が増えていることが確認できました。また、②のような知識の記述はともすると、先輩教師や講師からの指導・助言をそのまま記述している可能性もありますが、研修後には③のような「なぜ、そう考えたのか」の根拠となる具体的な子どもや教師の姿を伴う形での記述が増えました。このことから、教師の力量形成が少しずつ実現され始めているものと見ることができるのではないでしょうか。

分類の視点	記　述　例
①単元固有の知識	・植物単元では、ものが育たないことには何も始まらない上、日々変化していくので一日一日の状況に応じて迅速に対応していくことが必要。
②汎用的な知識	・その1時間で何を学ぶか、何に気付かせたいか、の核をはっきりさせることが大切。それがはっきりするから、板書も発問も変われるのだと思う。今回は、(後半の流れが)わりとすっきりしていたのは、核がはっきりしていたから？ほかにいきようがなかったから？どちらもあると思う。その難しさを感じたし、でも大切にしなきゃなと思った。
③具体的な事実から練り上げられた汎用的な知識	・「知識・概念」が形成された場面については、M児の場合は結論になるところ、Hさんは、概念(アンケート結果)を生かして結論へ、だったと思います。今日おさえたい概念の精選や概念の共有をきちんとしていくことが大事だと思いました。 ・(授業の中で使われていた)「そろえる」という言葉が、「何を指しているのか」、「どういう状態がそろったといえるのか」等、一人一人によって捉えが異なるため、教師が意図して発した言葉が落ちていかなくなってしまう場面があった。言葉の定義(子ども自身のその言葉の捉え)を突き詰めて考えることの重要性が分かりました。

表5：教師の記述の分類例

・・・・・・・・・・3. 取り組みのポイント・・・・・・・・・・

(1)「学ぶ楽しさ」を実感する

　本研修の2日目の冒頭(表2の(6))には、**図5**に概要を示した導入のアクティビティを実施しました。具体的には、教師自身の身近な課題を、「課題の設定、情報の収集、整理・分析、まとめ・表現」という、総合学習の探究のプロセスを活用して解決してみる、というものです。その意図は次のような点にあります。

① 当事者として、楽しみながら参加できる課題

　課題の設定に際しては、長丁場の研修の折り返しであることも考慮し、いったん頭をほぐし、研修に前向きに参加することができるよう、楽しく議論が活性化されるものであることを意図しました。また、2日目からは「授業者としての自己」と「学習者としての自己」という二つの立ち位置を意識的に区別し、視点を変えながら参加する必要があります。しかし、その枠組みは、言葉や図で説明すれば簡単に捉えられるようなものではありません。そこで、教師自身が問題解決の"当事者"として考えやすい課題を設定することで、自然に「学習者」としての意識をもてるようにすることをねらいました。

課題の設定	「この研修後、暑気払いに行くとしたらどこに行く？」→①みんなが参加できて、②満足できるのは、どの店？	
情報の収集	①・②の視点からメリット・デメリットを分析できるような多様な実際の店舗を取り上げ、分析に必要な情報を記入したカードを用意	**店舗A** ジャンル：イタリアン アクセス：〇〇駅から徒歩2分 グルメサイト評価：3.23 平均予算：¥5000 個室：あり 20人まで 飲み放題：あり ドリンク：ワイン30種以上・生ビール 各種カクテル・ソフトドリンク等 コース料理：7品・飲み放題付き5000円 備考：ゆったりソファー席 店舗・料理等 写真
整理・分析	A小学校の教師が授業でよく活用しなじみ深い思考ツール「ピラミッドチャート」を使って小グループで分析	店舗D 店舗C 店舗A 店舗B 店舗E
まとめ表現	どの店舗を選んだのか、またその理由についてグループごとに発表	
振り返り	次の二つの視点からの振り返り ・分かったこと＝暑気払いの店に適した店とは？ ・がんばったこと＝グループワークで意識したことは？	

図5

② 子どもの学習活動をイメージしやすい展開

　整理・分析に思考ツール（ピラミッドチャート）を活用した分析を取り入れた意図も同様です。すなわち、普段の授業の中で子どもが実際に取り組んでいる学習活動の様態をできるだけそのまま取り入れることで、より「学習者」の実際に近づくことができると考えたわけです。

③ 振り返りの体験を通した意味付け

　そして、最後に振り返りを位置付けました。これも、子どもの学習の中で日常的に位置付けているものであり、「学習者」としての自覚を促すものです。同時に、グループワークとして体感した「探究的に学ぶ」ことがどのような意味・価値をもつのかを確認することを目指しました。この振り返りを通して、ただ楽しいだけではなく、確かに概念的知識を獲得し持論の形成が促されるという探究的に学ぶことの意義を実感することができたようです。

　その後、このアクティビティは、本実践の文脈から取り出して、「主体的・対話的で深い学び」や「探究のプロセス」について理解を深めるための研修として若干の変更を加え、他の学校や研究会を対象として実施する機会を得ました。そこでは次のような声をいただくことができました。

　「教員同士で実際に話し合いをし、情報から取捨選択する楽しさ、思考ツールの使い方などを学ぶことができました。身近なテーマの話し合いだったので、参加しやすかったです。」

　「最後までわくわくしながら笑いながら参加させていただきました。子どもたちにも同じように話したい、伝えたい、と思えるような授業をしていきたいです。」

　このような肯定的なリフレクションを得られた要因は、問題解決の当事者となることで、直感的にその楽しさや有用性を感じられたところにあると考えています。教師は子どもにとって楽しく意味のある授業を目指し、「いい！」と感じたものは積極的に取り入れようとします。教師自身が「探究のプロセス」を直接体験する中で直接的に得た手応えが、教師自身が学び続け、授業を改善していくことへの意欲につながったものと考えます。

（2）優れた学習者としての有り様を子どもの姿に学ぶ

　本実践でA小学校の教師が考えた授業研究改善のための取り組み・工夫は、決して目新しいものではなく、多くの学校で取り組まれているものがほとんどです。しかし、単に他校の取り組みを模倣するだけでは形骸化していきます。授業研究を工夫・改善するにあたって、一つ一つの取り組み・工夫がなぜ必要なのか、自らの学びと関連付け、自覚的に取り入れることが重要です。本実践ではそのヒントを、探究的に学ぶ子どもの姿から得たわけです。

　その土台には、A小学校がこれまでの実践、研究を通して蓄積してきた探究的に学ぶ子どもの姿があります。しかし、本実践の考え方は、総合学習の校内研究を行っていなければできないものではありません。冒頭に述べたとおり、総合学習の探究のプロセスは、主体的・対話的で深い学びと密接に関連したものであり、それは、多くの学校にとって、今後、校内研究に取り組む際に無視することができないキーワードになるものだと思います。

　まず、「『主体的・対話的で深い学び』としてどんな授業を目指しているのか」「子どもたちにどんな資質・能力を育成したいのか」「そのために、何ができるのか、何をすべきか」と、学校として目指す子ども像、目指す授業像について議論し、具体的に共

有する。その上で、「私たち教師は、そんな子どもに負けないくらい、しっかり学ぼうとしているだろうか」「普段授業を行うように、互いの学びを支援するために工夫できているだろうか」ということを協働的に問い直す。そんな流れで考えることができれば、校内研究の柱とする教科等にかかわらず、そこでの教師の学びを質的に高めていくことは可能なはずです。

　そして教師自身が主体的・対話的に学ぼうとすると、おそらく難しさも見えてくるものと思います。本実践の研修後のリフレクションにも、「*探究する面白さが少し分かった一方で、探究のプロセスの複雑さを解釈しきれない部分がありました。*」「*子どもに学習者として、"自分事""積極的対話"を求める以上、自分もそうじゃないといけないと思いました。*」といった反省が書かれていました。だからこそ、教師自身が学習者としての自覚をもって成長する過程で感じた学ぶことの難しさを乗り越えることができたときには、子どものつまずきや、それに対する支援も見えてくるはずです。

　多くの教師が、生き生きと目を輝かせながら学ぶ子どもの姿を願って日々奮闘しています。その中で少しずつ蓄積している「そうか！　こうすれば、こんな子どもの姿につながるんだ！」という手応えを、教師自身が自覚・共有、自己の学びのために転用することができれば、教師の学びもより楽しく、喜びに満ちた、意味・価値のあるものになっていくのではないでしょうか。

（鈴木　紀知）

〔参考文献〕

・文部科学省（2019）小学校学習指導要領平成 29 年告示解説　総合的な学習の時間編. 東洋館出版社, 東京

※本実践は、平成 30 年度に筆者が在籍していた横浜国立大学教職大学院での研究の成果を実践向けに加筆修正したものです。

実践編

《実践事例8》教師も学び、育つ学校づくり
―学習共同体への成長―

・・・・・・・・・・・・・・・ 1. はじめに ・・・・・・・・・・・・・・

　学校は、生徒が主体的・対話的に深く学び育つことを目的とする場です。そのような場をつくるためには、教師自身も主体的・対話的に深く学び続けることが必然となります。そこで、若狭高校では生徒も教師も深く学ぶ「学習共同体^{ラーニングコミュニティ}」となることを目指して組織的に取り組んできました。

　取り組みを進める大きなきっかけとなったのは、2011年にSSH（スーパーサイエンスハイスクール）の指定を受けたことです。SSHとして最も重要になるのは、理数教科だけではなく、全ての教科・科目における教育内容の質的向上です。そこで、2013年に新たな校務分掌として「SSH・研究部」を発足させました。この部署の最も重要な役割は、カリキュラムの設計、意思決定、および評価です。本校の教育目標である「『異質のものに対する理解と寛容の精神』を養い　教養豊かな社会人の育成を目指す」を実現するために、カリキュラムの目的を決定し、全校職員と共有しました。その際には育みたいコンピテンシーを提示するだけでなく、最終的にどのような大人として育っていってほしいのか、理想とする人間像も明示しました。さらに、全校教職員に対する授業改善への組織的な働きかけを行うことを通して、教師の専門性を幅広く高めることをねらいました。

　断っておきますが、この「目的と目指すべき人間像の共有」と、「全校的な授業改善」という二つの取り組みは、管理職からのトップダウンの下、急速に進められたわけではありません。ミドルリーダーである当時のSSH・研究部長が中心となり、教員集団の「学習共同体」としての機能が高まるような仕掛けを行いながら、時間をかけて

135

少しずつ進められました。特に、授業改善の組織的な取り組みを行う上で最も重要なのは、教師の知性と情熱の双方を刺激し、循環し、共有できるような仕掛けをデザインすることです。本稿ではその具体的な仕掛けを紹介します。

・・・・・・・・・・・・ 2. 実践の紹介 ・・・・・・・・・・・・

(1) 各教科担当者共同体(コミュニティ)の充実—教科会の活性化—

　まず最初に着手したのは、各教科担当者共同体(コミュニティ)の充実に向けた仕掛けです。授業改善は、一人のスーパー教師が他の教師を薫陶しつつ進めるような形では進みません。それぞれの教科の担当者が共同体意識を持ち、教師それぞれの個性を尊重しながら、より良い授業のあり方について模索し合うことが重要なのです。そこで若狭高校では、既存の組織である教科会の活性化をねらいました。本校では伝統的に教科会が時間割内に位置付けられていました。しかし、ややもすれば事務連絡だけに終わったり、連絡事項がない場合は開催されなかったりすることもありました。そこで、まず教科会を「授業に関する話をする時間」「教科に関する悩みや疑問を聴き合える安心の空間」と位置付け、教科ごとにその充実のあり方を工夫することでチーム意識の向上が図れるようデザインしたのです。

　それまでも、たとえば数学科では毎週順番にその週の担当教師が「みんなで考えたい1問」として入試問題を紹介し、全員で解いた上で、指導のあり方を話し合うなど、チームづくりが進んでいる教科もありました。国語科では新たに「私のおすすめ書籍」と題して毎週一人が3冊の本を紹介し、教材研究の幅を広げる取り組みを始めました（**写真**）。地歴・公民科では、探究的な単元に用いる有効な手法、たとえばフィールドワークの技法やアンケートの実施方法などについても話し合っています。このように、教科会での様々な情報の交換を通して教材観や指導観を共有し、教科共同体全体として授業改善に取り組むことが重要でしょう。

　授業改善を組織的に目指す際に重要なのは、「同じやり方を強要しない」ことです。

教科会の様子

同じ学校といえども、生徒はクラスによって大きく異なりますし、教師一人ひとりの個性も大きく異なります。また、ベテランの教師であるほど、指導法はその教師のアイデンティティそのものです。自身のこれまで練り上げてきた指導法を、急に別のやり方に変えることはなかなか難しいものです。

　それでは、どうするか。若狭高校が重要視したのは、「目標」の共有です。各教科が、教科会の時間を使って、それぞれの教科学習を通してどのような学力を育むのか、それを共有するのです。たとえば国語科でいえば、2学期中間考査までの間に「読み手の理解が得られるよう、論理の展開、情報の分量や重要度などを考えて、文章の構成や展開を工夫して書く力」を各担当生徒一人ひとりに育もう、ということを共有します。1学期における担当生徒の学習状況をふまえた上で、学習指導要領に沿った目標を措定します。その上で、どのような教材を用いるか、どのような指導法を取るかについて、教師は各自の知性を存分に発揮した上で、情熱的にその考えを述べ合います。もちろん単元を進めていく上で一旦措定した目標が変更されることもよくあります。目標実現のための手立てについては、随時担当者同士で共有を図ることで、一人ひとりの教師の負担も減ります。なにより授業をより良くするための共同体意識も大いに高まります。結果的に、教科共同体のメンバー全員が授業力を向上させることにつながるのです。

(2) 教科共同体を社会に開く―公開研究授業日の設定―

　教科共同体の充実を図るためのもう一つの取り組みとして、若狭高校では全校一斉公開研究授業日を年1回設定し、毎年11月に実施しています。2020年度は芸術・水産・国語・数学・英語・公民・理科の7教科が授業を公開しました。研究授業後の90分にわたる各教科の協議会では、助言者として招いた教育学研究者や、指導主事、全国で活躍中のエキスパート教師から評価を受けるとともに、校外からの

公開研究授業と研究協議会の様子

授業参観者（2020年度は116名、うち県外者75名）からも、授業改善に向けての意見を得ています。

　この公開研究授業日の取り組みは、教科共同体を社会に開き、多くの人を巻き込むことを通してダイバーシティあふれる、より豊かな共同体へと成長することをねらったデザインです。普段、毎週顔をつきあわせている自校の教師以外の方から様々な観点からの評価を受け、より良い授業のあり方をともに模索することが、教科共同体の充実につながるのです。

　もちろん、公開研究授業と研究協議会開催の最も大きな目的は、授業改善です。その観点でいえば、公開研究授業をその場限りのイベントとして開催しても授業改善への効果は得られません。年度当初に研究主題を設定した上で、全ての教師がこの研究主題を意識して単元案を工夫して練り上げること、さらにはその工夫を教科共同体内で共有し、高め合うことが授業改善に寄与するのです。

　若狭高校の研究主題は3年ごとに変更されます。2015年度から2017年度は「一人ひとりが深く学ぶための授業づくり〜深い思考へと誘う問いとは〜」と設定しました。単元でいえば「単元全体を貫く問い」、一つひとつの授業でいえば「学習課題・発問にあたる問い」をどのようなものにすることが、生徒の深い思考を導くのかについての研究を深めたのです。その上で、2018年度から2020年度は「学びの質や深まりをみとる評価とは」と設定し、特に評価のあり方についての研究に取り組みました。その理由は、評価の改善が授業改善に強く影響するからです。

　評価を改善するためには、「各教科で育むべき資質・能力を『どのような力』だと措定するのか」、つまり「目標の吟味」が必須となります。この「目標の吟味」につい

ては、各教科会の充実を通してこれまでも取り組んでいました。もちろん、「単元の中で『どのように』力を培うのか」、つまり「教材や学習活動の吟味」も求められます。このように、「『どのような評価』を行えば力が育まれたかどうかが分かるのか」、つまり「評価の吟味」を行うことは、目標の吟味、教材や学習活動の吟味を強く促します。だからこそ、評価の改善が授業改善にとって重要となるのです。

（3）評価の改善を中心とした教科共同体の構築

　評価の改善例として、たとえば若狭高校国語科では、授業で扱った教材を定期考査では扱いません。芥川龍之介の『羅生門』を授業で扱ったとしても、定期考査の問題文として『羅生門』を用いない、ということです。現代文だけではなく古典分野についても同様です。もちろん、教師ごとにバラバラの考査を行うわけではありません。基本的には学科ごとの共通のテストです。また、２年現代文Ｂの２学期末考査は全てのクラスで実施しませんでした。学習課題として夏目漱石の『こころ』を題材とした論文の作成を課した上で、その学習課題を評価課題としても取り扱い、評価基準表に基づき評価したのです。「思考・判断・表現等」に関わる能力の評価は、50分の時間内で課題を解決し、記述できるかどうかのみで評価すべきではないと考えたのが、その理由です。

	知識・技能	思考・判断・表現等	主体的に学習に取り組む態度
A	・栄養的特徴や健康に配慮した食生活について十分理解している。 ・調理に関する知識と技能を適切に身につけている。	・調理上の性質や特産物、食文化を考慮して、献立作成、計画、準備を行っている。 ・栄養バランスを踏まえて、味の調和がとれている。	・学習内容を基に自己や家族の食生活をより良くしようとしている。 ・地域生活の充実向上のために取り組もうとしている。
B	・栄養的特徴や健康に配慮した食生活について理解している。 ・調理に関する知識と技能が身についている。	・特産物や食文化を活用した献立作成や計画、準備を行っている。 ・栄養バランスがとれている。	・学習内容を自己や家族の食生活に活かそうとしている。 ・地域生活の充実向上が重要であると感じている。
C	・栄養的特徴や健康的な食生活について理解していない。 ・調理に関する知識と技能が身についていない。	・調理上の性質や特産物、食文化を考慮した献立作成や計画、準備を行っていない。 ・栄養バランスに配慮していない。	・学習内容を自己や家族の食生活に活かそうとしていない。 ・地域生活の充実向上のために取り組もうとしていない。

表

評価の改善に取り組む前は、ややもすれば教材「を」教える授業となってしまい、その教材「で」どのような資質・能力を育むのかが不明瞭なこともありました。「教師の板書・解釈を正確に記憶し、それを考査で素早く再生することが良い点を取る秘訣」だと思う生徒も多くいました。しかし、この取り組みを行うことにより、教師は単元で育むべき資質・能力を目標としてどう措定するかについて、教科会を利用して授業担当者同士で議論した上で授業に臨むようになりました。また生徒も、この学習がどのような力を育むために組織されているのかを理解した上で活動に取り組むようになりました。

　評価改善の取り組みは、国語科だけではありません。家庭科においては地域の歴史と食文化を活用した調理実習を行う単元を開発しました（写真は、自身の開発したメニューをプレゼンテーションしている場面）。その上で、新学習指導要領に示された評価の3観点をふまえた評価基準表を開発し、それに基づき評価を行うという工夫を行いました。地歴・公民科

メニューのプレゼンテーション

では学校設定科目「社会探究」において、課題検討会や中間発表会、研究発表会など、校内外での発表機会を組織したり、論文集を公刊しweb上で公開したりすることを通して、社会に開かれた評価の充実に取り組みました。

　このような工夫も、研究主題に基づき教科共同体で単元案を練り上げ、高め合うことの成果です。公開研究授業を一過性のものとせず、日々の授業改善と連動させることが重要なのです。

（4）教科を超えて、学校全体を学習共同体へ―若手授業力向上塾・全体授業互見会―

　学校全体が学習共同体となることを目指すには、教科を超えた取り組みも求められます。若狭高校では「若手授業力向上塾」が教科を超えた共同体の醸成に大きく寄

与しました。2014 年、若狭高校に新採用教師が 5 名着任し、全日制教師の約 3 分の 1 が 20 代となりました。そこで取り入れたのが、若手授業力向上塾です。まず、20 代の教師に経験年数 3 年未満の教師を加えた 25 名を教科・校務分掌、性別が多様となるよう編成した 6 グループに分けます。4 から 5 人のグループにすることで、時間割変更も容易となります。各グループには、教頭・各分掌の部長からなる指導者をリーダーとして配置し、グループのマネジメントを依頼しました。

　この塾では「まずベテランが恥をかく」というスローガンの下、第 1 回目は指導者が授業を行い、それを塾生が参観します。参観授業日の放課後に 30 分だけ時間を取り、ふり返り会を実施します（勤務時間を超えないように行うことがポイントです）。そこでは、授業について良かった点を中心に伝え合った上で、質問を出し合いながら、考えを深めていきます。その際、堅苦しい雰囲気とならないよう、お菓子をつまみながら行うのが効果的です。多くの場合、第 1 回目のふり返り会ではベテラン教師の口から授業を作る上での悩みや、迷いが語られます。若手教師は「あの○○先生でも、授業

◆指導者の授業を参観
（まずベテランが恥をかく）
指導者が授業を行い、
塾生はそれを参観。

まず部長が授業

◆ふり返り会
参観授業日の放課後に
30分だけ、ふり返り会を実施
お菓子と飲み物は必須

ふり返り会

◆別日に、塾生の授業の参観
授業者も参観者も笑顔でふり返り

保健の授業

若手塾生が順次授業を公開し、
グループで参観。ふり返り会も実施

実施方法・内容

について、これほど悩んでいるのだ」と安心すると言います。別の日に今度は若手教師が授業を行い、それをグループ員全員が参観し、同様のふり返り会を行います。これを全員でローテーションするのです。

この取り組みを終えた若手教師による評価は以下のとおりです。

○他教科の先生の授業観や生徒との関係作りなどを知ることができ、自分のやる気が向上した。

○同じクラスを担当しているが、自分の授業中とは異なる生徒の様子を見て、生徒の見方が変わった

○普段、関わりが少ない先生方とも仲間意識が高まった。

○他教科の人と授業を見たり、研究会をすることで教科を超えて考えなければいけないことなどが見えてきた。

ベテラン指導者からも「若手の先生が何を難しいと感じ、何ができて何ができないのかよく分かった。」「若手の様々な工夫が、ベテラン教師にも大いに参考になった。」等の声が多く届きました。

若手・ベテラン双方にとって非常に好評だったことから、2019年度はこの取り組みを発展させ、全教職員を校務分掌・性別・年齢・教科が異なる4から5人のグループに分け、互いの授業を参観する取り組みである「全体授業互見会」を行いました。教科の枠を超えた全校教師（講師・実習助手含む）84名で16のグループを構成したのです。各部署の主任などのベテラン教師に「師範」、SSH・研究部員や中堅教師に「リーダー」、若手教師に「記録係」の役割を当て、一つのグループは各役割1名を含めた4から5名で構成しました。「リーダー」が互見授業の日程を調整した上で、2学期中間考査後から期末考査までの期間を用いてグループ内で授業の互見を実施しました。「授業見学シート」に参考になった点、提案したい点をメモします。授業を見る教師のまなざしの先にあるのは、教師の立ち居振る舞いよりも、生徒がどのように学び、どのような力を獲得しようとしているのかという事実です。

この事実に基づき放課後には意見交換会を実施します。この意見交換会において、それぞれの教師はどのような発言を行っているのでしょうか。一般的に、教科別の授

業後検討会の場合は発問の是非・活動の是非などの授業の中身について議論されることが多くあります。しかし、この教科を超えたグループにおける意見交換の記録からは、グループのメンバーが共有する「少し大きな課題」に焦点を当て意見交換する傾向が強く見られました。たとえばグループ1では「生徒が各教科に求めている学びとは何なのか」「学年や進路によって生徒に必要な学びはどう変化するのか」というテーマで議論が行われています。この話題からは、このグループのメンバーが「生徒主体の学び」を構築しようとしていることが分かります。実際には、「生徒の教科に対する興味関心の高め方」「進路実現に向けた学力の高め方」について話題が展開された上で、生徒の3年間の学習全体を見据えた授業づくりについて考えが深まっていきました。もちろん、わずか30分の議論なので結論が出るわけではありません。それで良いのです。この「全体授業互見会」が、若狭高校の教師集団を学習共同体へと成長させる足場となったことに、大きな意味があるのです。

・・・・・・・・・・・3. 取り組みのポイント・・・・・・・・・・・・

　それでは、教員集団を学習共同体へと成長させるにあたってのポイントをいくつか紹介します。

(1) 慌てない

　学校文化 (ethos) はそう簡単には変わりません。若狭高校もここまで10年かかりました。慌てず、少しずつ、共同体としての熟成を図っていきましょう。

(2) 成長を仕掛けるための仕組みをつくる

　若狭高校では、新たな校務分掌としてSSH・研究部を立ち上げました。このSSH・研究部が、教師同士の多様な協働学習システムをデザインし、それを通じて学校文化としての協働文化を生み出し発展させ、様々なチャレンジへとつなげていったのです。各学校の状況に合った仕組みをつくり、共同体としての成長を仕掛けていくことが重要でしょう。

(3) 教師以外の多様な方と協働する

自校の教師同士の協働を促すだけではなく、大学研究者や他校の教師、同窓生や保護者等の多様な人びととの協働を図ることも大事です。それにより、多様な観点からの評価を受けたり、改善に向けた協働を行ったりできるからです。

　学校外の方々も、自校共同体のメンバーとして巻き込んでいけると良いですね。

（渡邉　久暢）

〔参考文献〕
・アンディ・ハーグリーブス（2015）木村優・篠原岳司・秋田喜代美（監訳）知識社会の学校と教師：不安定な時代における教育. 金子書房, 東京
・木村優（2019）授業研究が実装する専門職としての教師の資本育成と学び合うコミュニティ成熟機能：授業研究の歴史的展開を踏まえた理論研究. 教師教育研究, 12：3-11
・織田泰幸（2012）「学習する組織」としての学校に関する一考察（2）：Andy Hargreaves の『専門職の学習共同体』論に注目して. 三重大学教育学部研究紀要, 自然科学・人文科学・社会科学・教育科学, 63：379-399
・渡邉久暢（2020）若狭高校における組織的な授業改善の取り組み. 月刊高校教育, 2020（5）：30-33

座談会
チームを支える先輩教師のホンネ

横浜国立大学教育学研究科高度教職実践専攻准教授…**脇本健弘**

帝京大学大学院教職研究科専任講師……………………**町支大祐**

横浜市立緑園東小学校教諭…………………………………**尾澤知典**

横浜市立南太田小学校主幹教諭……………………………**片桐大樹**

横浜市立上大岡小学校教諭…………………………………**玉虫麻衣子**

相模原市教育委員会学校教育課……………………………**藤本祐之**

川崎市立宮内小学校教諭……………………………………**森綾乃**

横浜市立名瀬小学校主幹教諭………………………………**寺谷亘**

（肩書は座談会当時のもの）

脇本　先ほどは1対1の個別のメンタリングについてお話をしてきました。次は、さらに視野を広げて、チームでのメンタリングについて考えたいと思います。今日お集まりの先生方は、横浜市の先生方であればメンターチーム（実践事例4参照）、他の自治体の先生方も校内において何らかの形でチームでのメンタリングや組織的な人材育成に取り組まれているかと思います。実際にチームで進めていく中で、ミドルとして感じたことや、うまく進めるためのポイントなどを共有できればと思います。

玉虫　横浜市のメンターチームの取り組みは本当にさまざまで、私は、今の学校に転勤してから、なんとなくざっくばらんに話す会という感じでメンターチームをやっていました。しばらく初任者が入ってこなかった時期があり、毎年その学級目標の決め方、成績の付け方のような定番のテーマをちょっと変えようかという話になりました。リーダーを任せていただいてからは、管理職やメンターチームのみんなと話をして、年間計画を立てて、授業づくりに結構力を入れたメンターチームにしたんです。そうするとみんなで、「どういうことを学びたい？」という話になるので、書写の指導の仕方を知り

たいとか、体育のマットの指導とか、安全の指導の仕方を知りたいとか、あとはお互い授業を見合うことが大事だよねということで、授業を見合う時間を毎月設定してやっていって、それがだいぶ定着してきたかなと思いました。

　私が大学院へ通っている間は、後輩がリーダーをやってくれていたので任せていたんですけど、そのリーダーを支える人がいて、その方がすごく大事な役になっているんです。ベテランの人がサポートにつく。そうするとリーダーも一人で回さなければいけないというプレッシャーもなく、何かあったときに相談できて、一緒に作っていく感じがあり、すごくありがたいのです。今はその役を私がさせてもらっています。ベテランとそのメンターをつなぐ役を決めると、いろいろなことをやる上でも、スムーズにできたかなと思いました。

　メンタリングは1対1のときもそうでしたが、その人を知ることで、その人の良さをすごく生かせるなと思いまいた。だから一方的に教えるとか指導するというものではなく、みんなの一人ひとりの良さが引き出せるようなメンターチームにしたいなと思っています。「研修会とか、やってみない?」と言って一緒に校内で研修会を開いたり、「メンターチームのメンバーの一人が今日はリーダーとしてやろう」というように自分たちで役割を担って運営していくことで、クラスみたいに、みんなが一人ひとりの良さを生かしながら取り組めるんです。それにより、モチベーションや自己肯定感も上がっていくんだということが分かりました。

　これからは、来年の自分が取り組みたいことやキャリアを考える場のメンターチームにできればいいなと思っているのですけど、みんなで認め合って一緒に支え合えるような関係性を作っていきたいです。

　片桐　玉虫先生の学校は、メンターチームは何年目ぐらいまでの先生がいらっしゃいますか?

　玉虫　学校によって違うのかもしれませんが、私の学校では、私がリーダーをしていたときは、10年以下でした。

　片桐　今のお話だと、結構メンターチームにベテランの先生も参加することが多いんですか?

　玉虫　内容によっては来てくださったりもします。例えば、理科で研究されている先

生がいらっしゃって、「プログラミングの研修できるよ」と言ってくださったことがあり、その先生がメンターチームで研修をやってくださったときも、ベテランの先生たちも来てくださいました。

　片桐　そういうの、いいですよね。先生のお話と関連するんですけど、僕の学校は、教務会の裏でメンターチームの研修をやっているので、そのベテランの先生がなかなかメンタリングに参加できないのです。だから、時間の確保とそのベテランの先生が参加できる体制を整えていくのが、メンターチームをやっていく中で難しいなとは感じています。

　玉虫　私は、ベテランの先生方に参加していただきたい研修のときは、日程を変えたりしていました。例えば、人権研修のときに、「この内容はみんなに参加してもらいたいので、ずらしていいですか」って。

　片桐　僕は、ミドルリーダーの先生にメンタリングの手法を取り入れてもらいながら、校内研究を一緒に実践してもらったことがあったんです。どういうことかというと、ミド

左から時計回りに、町支氏、寺谷氏、玉虫氏、藤本氏、脇本氏、尾澤氏、森氏、片桐氏

ルの先生に、研修を持っていただくのですけれども、その研修の中身を、玉虫先生も言われていた経験学習（理論編を参照）のサイクルに即してやってもらいました。そのために、ミドルの先生と自分も研修に入らせてもらって、こういう内容とサイクルで研修をお願いしますと、打ち合わせをしました。

　僕は、校長先生の御指導や御支援をいただけて、ミドルの先生からも温かく迎えていただけたので、うまくできたのかなと思うんですけれども、組織的にメンタリングを進めていく上で、連携とか協働というのは、大事なところですし、メンタリングをうまくやっていくためのポイントだと思いました。逆に、そこがうまくいかないと課題になっていくのかなというふうにも思いました。

　脇本　メンターチームの取り組みは、管理職や校内の連携・協働が不可欠だと思います。横浜市では、すでに文化として定着してきているので、各校でそのあたりの共通理解があると思うのですが、他の自治体だとなかなか難しいかもしれません。とくに立ち上げの期間は大変ではないでしょうか。森先生は川崎市で、チームでのメンタリングに取り組んでいますが、いかがでしょうか。

チーム立ち上げ時の困難

　森　川崎市の場合、横浜市のようにメンターチームはオフィシャルでもないし、根付いてもいないので、まずそこをどういうふうに理解してもらうか、話をゼロから始めました。ただ、結局、オフィシャルではないものを作るということ自体が、すごく難しくて。

　オフィシャルではない放課後の時間に、「やってみない？」という形で、月1回程度ですけれども、なんとか他の学年の行事などにかからないように、企画会の裏ということでやりました。

　メンターというか、少し先輩の主任級の先生には来ていただけないことが多い中で、何とか学び合うことができないかと思い、内容は、みんなでできることを考えました。去年担当した学年の取り組みを、自分たちで紹介して今年役立てようとか、今クラスでやっているレクリエーションなど、ちょっとした隙間時間にできることを、お互い紹介してみようとか、自分たちで学べるようになるべくしていました。主任級の先生に来ていただけるときは、お願いしてやっていたんですけれども、なるべく自分たちでできるこ

と、まずはそういうところからやって、意義があったと感じられるようにならないと、なかなか根付かなさそうで、難しいなと思います。

町支　根付く、というところは地道にやっていくしかないかもしれませんね。先生たちが効果を実感していけば、だんだんと変わってくるのかなと思います。メンターチームでも、新しく立ち上げたときには、チームに参加しているメンバーの理解を得られるまで時間がかかったところもあるようですので、リーダーにとっては大変なことですが、少しずつ地道に考えることが大事だと思います。また、チームでメンタリングをやる場合に、その学校にあったあり方があるはずです。例えば、みな放課後に集まるという形式ではないものもあるかもしれない。つまり、それぞれの学校にあったやり方があるはずです。

尾澤　内容によると思いますが、例えば、メンタリングを「メンタリング」として場所と時間を設定して行うのと、既存のものをメンタリングに変えていく方法があると思うんです。自分は後者の方をやりました。いわゆる小学校の重点研究（特に研究授業の事前検討）の中にメンタリングの仕組みを入れました。

知見を持っている先生の指導方法とか財産、知恵みたいなものが、なかなか若手に伝わりにくい。授業を見た後ではなくて、見る前に、指導案作成を通してメンターとメンティが対話する機会を設定して、若手に理解してもらう。これを行って分かったのが、一緒に授業プランをつくると、授業の技術だけではなくて、教師観も伝わる。この先生はこういうことを大切にしているということが分かる。これは、普段なかなか分かりませんが、例えば飲みに行ったときに話をして、その人の教師観みたいなものが出てきます。普段オフィシャルな部分では出てこない話が、指導案を一緒に作ると出てくるんですよね。

今、オフィシャルじゃないところでの教員間のつながりを作るのが非常に難しくなってきたことを考えると、やはり意図的に設定することが大切なんですよね。飲みに行った中で出てくるものを、オフィシャルの場でどのように引き出していくのかが、非常にポイントになるんだなと感じました。

それと同時に、そういった交流があると、同僚性が高まるんですよね。仲が良くなる。教員はコミュニケーション力が高い人が多いなと感じていて、だから今回自分がメンタ

リングをやって、その先生たちの伸びていく力とか、その伝えていく力というのを、かなり感じましたね。

片桐　つまり、飲み会が大事ということですか。

尾澤　飲み会が大切なのではなくて、「話せること」が大切です。オフィシャルな中にメンタリングを入れ、コミュニケーションをとる大切さを理解してから、人材育成の活動を促していく。そうすると、「結構いいことやってるよね」というような理解のされ方になるのかなと思います。自分たちはやはりいいことをしていると思うので、理解してもらいたいじゃないですか。そのための仕組みづくりも必要だと思いましたね。

森　それをミドルに理解してもらうのは、結構難しいところがあるなと感じますね。メンタリングはゼロからスタートなので、若手の人たちが集まってやっているところに、私も去年ミドルの人たちを引き込めなかった。そこは難しくて、今年に入ってからもやはり難しいことだなと思っています。

玉虫　確かに。ミドルはまだ自分のことも結構やることがあったり、校務分掌もかなり多いじゃないですか。だから育成という面になかなか目を向けにくい状況もあると思うんです。

　私も大学院では周りの方に比べて経験年数が浅い方でしたけど、大学院でメンタリングを実践して、だからこそ良さも分かって、実際に広めたいと思ったので、「メンタリングの良さをもっと広めていきたい」と話したとき、同じ世代の人から「え？　まだそんな世代じゃないんじゃない？」と言われたこともありました。その人は自分の授業力を上げたいという思いがすごく強い人だったので、「まだまだそんな段階じゃないよ」と思っていたようです。

　言われてみれば、私も大学院でメンタリングを学んだからそう思ったけれど、そうでなければ思わない、思えない状況もあるかなって。だからこそ、ミドルにそういう良さを理解してもらうのは、本当にひと工夫ないと伝わりづらいんだと思いました。

脇本　単に後輩を育てるということだと、この忙しい中でミドルの皆さんにとっては大変かもしれません。ですが、メンタリングに取り組むということは、メンティと同時に自身も一緒に成長していくという側面もあるかと思います。

メンタリングの意義：メンターの成長

　尾澤　みなさんメンタリングをされて、たぶん実感があると思うんですけれど、メンタリングは、メンティだけじゃなくメンターも学べる。例えば、自分が子どもたちの前で授業をやって、それによって、自分への学びはいっぱいあるじゃないですか。なので、「あなた教えなさい」「あなた教えられなさい」という体ではなくて、場だけを用意して参加してもらうことが結果的にメンタリングになっていた。「教える」―「教えられる」というプレッシャーではなくて、互いに学び合っていったというような、それが、メンタリングの要素なんじゃないかと思いました。正に、「半学半教」ですよね。

　片桐　メンタリングの要素に内省というのがあると知ってから、自分自身も何かした後に、意識するようになりましたね。そういう意味でもメンタリングは自分自身に役に立つなというふうには思いました。

　玉虫　そうですね。自分が気付かないこともまだまだたくさんあるんだって、感じましたし、今年子どもと関わっていても、子どもとの関わりやその問いかけがメンタリングになっていると思う瞬間があります。

　実際に児童指導のときに「あなたはどうしたいの？」「今困っていることって何？」と問い返していくことが、「あっ、これメンタリングだな」と思うことがあります。気付きを促して子ども本人が自己決定して実践していくという姿が、本当に子どもの成長に大きな影響を与えていることを現場に戻って実感しました。

　寺谷　すごく分かります。自分の息子と話していたときに、「それってこういうことだよね」と言い換えをすると、すごく共感しているようで、息子がたくさんしゃべってくるようになります。これはメンタリングだなと思います。子どもたちにとても有効だなと思います。

　ミドルの人たちがすごく学ぶっていうのは分かるなと思います。そもそも、学年の違う人同士でペアを組んでいるから、メンターがメンタリング時の授業参観の前にやっていた行為として、メンティの6年生の授業の指導書を見て、こういう授業をやるんだという確認があります。それで、ポイントを絞りながら授業参観していたので、違う学年の教材研究を自分がすることになり、結果自分の授業も総合的に上がっていくというよ

うなところも見られたので、すごく重要だと思いました。

メンターチームでやること・形式

　片桐　メンターチームで行う活動には、どういう内容が多いんですか？　僕の学校は、昔はそれこそ全部メンター研という名の授業研をやっていたんですけど、負担が大きいし、時間もないということで変わってきましたね。先ほどニーズの話がありましたけど、メンターの先生方に最初に何をやるかってメンターチームの始まりにアンケートをとっていました。それで内容を皆で決めて、必ずしも授業公開ではなかったり、研修だったりというように決めていました。

　そうした方が、限られた時間の中で負担感もなくやっていけるんだなと感じました。

　寺谷　授業研のようにしてしまったら、メンターの人たちがすごく形式ばった会になるじゃないですか。それがすごくいやで、同僚性の高まりにつながらないのかなと思って。すごく自由な感じで話し合う形に変えたら、仲が良くなったかなと感じます。

　森　ニーズというのかな、その最初に話し合うとだいたい出てくるのが、クラスレクを知りたいとか。図工は自分が去年やったことをみんなに知らせることならできるから、それをやってみて、こんなのがあるんだねとか、ほかの学年のことを知りたいとか。あとは今ICTを効果的に活用したいから、自分はこんなふうに使っていますとか。なかなかミドルを呼び込めない事情があるから、これなら明日からできるかな、くらいのものを欲しているような気がします。

　玉虫　毎年4月は計画、3月は振り返り、来年度の計画という流れで、内容をその年によって変えていますね。

　森　職員研修としてできると本当は一番いいなと思うんですが、職員研修は今、伝達研修というか、「これやらなきゃいけない」というものが多くなって、結局若手が必要としているものが、なかなかできない。そういう若手が必要としているものがメンターチームによってできるようになるといいかなと、私は考えています。

　片桐　メンターチームの中でやっている研修も、講義みたいな感じになってしまうときもあると思っているんです。だから、そのメンターチームも、メンタリングの要素を取り入れたようなことがチームの中でやれると、より効果的なのかなと思います。

　藤本　チームにはチームの善しあしがあって、個人には個人の善しあしがあると私は思うんです。実際にその学校の文化と照らし合わせたときに、チームでメンタリングを行った方がいいタイミングもあるでしょうし、個別にアプローチしていった方がうまくいきそうなタイミングもあるでしょうし。やはりうまく学校文化と照らし合わせながら、どういう形態をチョイスしていくのかは、すごく大事なのではないかなと思います。

今後ミドルとして実現していきたいこと

　脇本　それでは最後の話題にいきたいと思います。これまで1対1、チームでのメンタリングについてお話をうかがってきましたが、今後の展望についてお聞かせいただければと思います。

　寺谷　今、学校では横のつながりは結構できてきていますが、縦のつながりがすごく弱く感じます。若手と少し上の先輩との縦のつながりの強化を図っていき、マトリクス（格子状）上の組織になっていけば、もっと風通しのよい職場環境になり、教師自身が生き生きとした職場になっていくのかなと。先輩教員が若手にメンタリングを行い、メンタリングを受けた若手がミドル世代になったときに若手に対しメンタリングを実施すると若手も育つというような形の流れになっていけば、よりよい学校になっていくんじゃないかなと思います。縦がつながった状態の学校になっていくと、マトリクス上の組織になっていくのではないかなというのはあります。

　玉虫　5年目の人が5年次研のときに、「あなたの学校の中で身近な、こういう先生になりたいという先生を決めてそれに向かって頑張りましょう」と言われて帰ってきたら、「私、玉虫先生みたいになれるように目指します」と言われたんです。

　最初言われたときにすごくびっくりして、「そんなまだまだ……」と思ったんですが、でもそういうふうに見てもらうことで、自分もほどよいプレッシャーを感じながらも「頑張っていきたいし、自分が役に立てることがあったら後輩にも伝えたいし、一緒にやっていこう」というような気持ちになったので、メンタリングやメンター研って、そういう「人の意識を高める」という部分に近いかなと思いました。

　なんて言ったらいいのか、言葉では言い表せられないんですけど。今の自分の立ち位置はここかなって自負したりとかしました。

森　オフィシャルなものなんだけれど、オフィシャルじゃないものにつながって、自然と発信できるようなところにいくのが一番なんだろうなって、すごく思いますね。若い人を見ていると、発信ができない、聞けない、指示を待っていることが多いように思います。横でも縦でもいいんだけれども、オフィシャルなところを作っておいて、その基礎があって、そこから少しオフのときにも聞ける、発信できるようなつながりができるようになることが大事かなと思います。これからも若い人たちが、またどこかで壁に当たったときに、発信できるとか、聞くことができることが大事なのかなというのはすごく思いますね。

　オフィシャルばかり作っていても、結局はそうじゃないところが大きいし、そうじゃない時間の方がほとんどなので、そんなふうには思います。

　藤本　私はメンタリングを通して若手の先生にいろんな人につながることのできる先生になってほしいなと思います。いろんな先生方につながる、先生じゃなくても、いろんな人につながることのできる人になってもらって、そこで、つながったときにその自分の持っている不安感であったり、うまくいかないことをオープンにできたらいいんじゃないかな。なかなか難しいのかもしれないですけど。そのきっかけがメンタリングであれば、メンタリングをやる意味があるんじゃないかな。

　校務分掌のメンタリングを個別でやったときに、「その校務分掌の一番上の立場の人に話を聞いたことある？　最終的にどんな狙いでやろうと思っているか聞いたことある？」って言ったら、「そんなこと、聞いたことないです。聞けません」って返ってくるので、「その人のところに行って話をしておいで」と指示して行かせたり。ほかには、「同じ仕事を去年やっていた先輩がいるでしょ？　その先輩に去年ここがうまくいって、ここがうまくいかなかったから、来年度どうするか、そういう話をちゃんとした？」と言うと、「いや、できないっす」って言うから「じゃあ、やってみようか」と話をして、やはりつながる一つのきっかけになると言えるんじゃないかなと。

　玉虫　つながることで、いろいろなことが解決できる気がします。若手の離職問題が指摘されたりしていますが、自分から発信できたり、いろんな人につながれるような、そういう環境を作っておくことで、安心して働き続けることのできる方法を若手が自分で見つけられるかもしれない。

藤本　どこかでいい人につながるかもしれないですよね。なんかフィーリングの合う人。私じゃないとしても、ほかの誰か、何かでつながるかもしれない。

玉虫　そうなってほしいですね。

森　やっぱり同僚性なんですかね。そうなるとね。

左から尾澤氏、森氏、片桐氏

片桐　同僚性の高さは、メンタリングのしやすさとか効果にも反映されてくると思うし、そうすると授業力も学級経営の力も高まって、子どもにそういったところが還元されていくのが僕はよく分かりました。そうした意味でもメンタリングが、若手の先生方の成長を伴うように、子どもの学習や生活に還元されていくといいなと思います。

尾澤　職場にはいろいろな考え方の先生がいるので、根本的な教師観みたいなところに触れる手立てが必要だと感じます。例えば、「教え込んだ方が絶対に子どもは伸びる」と考えている人と、「協働で学んだ方が伸びる」という人がいます。これらは、どちらも必要な要素なのですが、新しい学習指導要領によって、全体としては、子どもたち同士で学びあいを通して伸ばしていこうという流れがなんとなく今はできてきているので、そこでお互いがぶつかります。でも、実際に話しながら一緒に子どもが協働する1時間の授業プランを作り上げてみると、互いにそのプランで試してみよう、つまり、「協働型の学習展開で授業をしてみよう」というきっかけになるのですね。一緒にコミュニケーションをとりながら授業を考える中で、お互いが融和されていくと、学校全体の流れがまた作られていくと思います。

　経験年数にかかわらず、それぞれが持っている良いところを共有することで、互いに学ぶところがあります。今回、チームのメンタリングで30年超のベテランの先生たちにも協働での指導案作成をしてもらいました。そうしたら、「これはすごく学べる！」という意見をいただきました。最初は若手と一緒に授業を作ることで、意見が本当に混沌としていたのですが、最後には一本の筋になったという、手応えがありました。メンタリングは、設定の仕方として、「若手とベテラン」という組合せの関係性の中でやっ

ていることが多いけれど、メンターもメンティも学べます。自分たちの固定観念で、「ベテランが若手を教える」というように思ってしまいがちですが、それは絶対に違っています。ベテラン同士でもいいし、若手同士でもいいし、その斜めの関係でもいいし、いろんな関係の組合せで組織は伸びていくと思います。そのことが非常によく分かりました。大学院でメンタリング実践をやることで、自分の中で最初に学んだ固定観念がかなり揺らいで、どんなつながりでも可能性があると捉えられました。

　いま若手が増えているということで、困っているのは若手だけというように捉えがちですが、実はベテランも困っているんです。というのも、ベテランの先生たちは、ずっと「教師が子どもを教える」というスタンスで何十年も過ごしてきたのに、いきなりアクティブ・ラーニングで、子どもたち同士の創発を促す学習をやりなさいと言われて、困惑しているわけです。そういったときに、「方法が分からない」とも言えないわけです。そこでうまくメンタリングを設定することで、それぞれの困り感は減り、意思疎通もできて、組織全体が伸びると思うのです。今後の流れとしてこのメンタリングというのは、ちょうど今の学校の課題解決に合っているんだなと思いましたね。

　町支　ベテランの先生たちも学び手になるということですよね。

　尾澤　メンタリングは、誰でも学べるし教えられます。1年目だから、必ず全部学べというわけではなくて、授業を作りながら会話をしていると、1年目の先生からの素朴な質問に私が気付かされることもあるし、その気付きをくれたことに対して、「ありがとう」と言うと、相手も嬉しくなって、意欲が湧くと思います。このように、一方的に「教える」－「教えられる」という関係ではなく、それぞれの良いところから学ぶという気持ちで、もっとフラットにして取り組んでいくと学校はもっと良くなると思いました。

　片桐　メンタリングというと、若手の先生方やメンターチームのためという認識が結構大きくなりがちですけど、学校全体という組織として、共に学び合う意識や体制づくりにつながっていくといいと思いますね。自分も含めて。若手のメンターチームに入っていっていいのかなって、迷ったりすることは実際ありますが。

　玉虫　私も仕事に対してスタンスが変わりました。6年目のときに学年主任を任されたんです。そのとき、すごくプレッシャーだったんです。まさか6年目でやらせていただくなんて。2年間主任を務め、その後は学年主任を先輩がやってくださっていた

んですけど、メンタリングをする中で、学年経営も一緒に考えて、一緒に作っていけばいいんだって思えるようになりました。学年主任、特活主任という仕事を任されても、一緒にやっていくっていう気持ちでやれば、安心して取り組める。絶対私が教えなければとか、私が全部やらなきゃいけないわけじゃないと思ったから、気持ち的にも楽になりました。

町支　一緒にみんなでやっていくことで、関係が深まり、同僚性ができていくということでしょうか。そのように変化していく上で、何か変化のステップがあったりとか、コツとか工夫とか、ありますか？

尾澤　非常に面白いと思ったのが、さっき片桐先生がおっしゃっていたことで、「メンタリングは同僚性があるとうまくいく」については、自分は「メンタリングをすることで同僚性が上がる」と思ったことです。卵が先か鶏が先かという話に似ていて、どちらも間違いではなく、簡単に言うとスパイラルなんだと思いました。メンタリングという枠をみんなで一緒にやってみるというのは、一つのきっかけになるのかなと思いましたね。スパイラルを上げるには、とにかくメンタリングをやってみて、お互いのコミュニケーションのパワーを引き出すことで、学びの向上が始まるのかなと思いました。

片桐　そうですね。それに尽きますね。

寺谷　そのためのエッセンスはなんでしょうか？

尾澤　それは、たぶん学校の特色によって違うと思うんですけれども、一つには学習の根幹に関わる「授業づくり」です。これがいろいろな交流のきっかけになります。「授業」は、先生にとっては100％全員の共通事項ですから。これをきっかけにするとコミュニケーションが生まれます。もちろんそこでは、教え方を考えるだけでなく、「子どもをどういうふうに見ているか」とか、「自分は教師として何を大切にしているか」とか、それを交流しながら進めることが大切です。

　または、学校によっては先生方の課題が、校務分掌の運営の仕方かもしれません。そのときはそれを題材とするのが良いと思います。きっかけは、それぞれの学校の問題をメインにすることが良いと思います。それを基にして、先生たちの交流の場ができ、同僚性が深まっていけると思います。

　先生が困っていても「誰にも聞けない」とか「自分で考えるしかない」という状況で

2列目左から、町支氏、寺谷氏、脇本氏、藤本氏、尾澤氏
前列左から玉虫氏、片桐氏、森氏

は、学校に閉塞感が生まれ、学校全体の力での教育ではなく、一人ひとりの先生の力量に委ねられた教育になってしまいます。それは結果的に「あのクラスはいいけど、このクラスはダメ」という状況を発生させます。そうすると、あるクラスがうまくいかなくなったときに、周りの先生たちが手を差し伸べられないという状況になります。それが、メンタリングを実施することでコミュニケーションがうまくとれるようになるだけでなく、互いが学ぶことで先生同士の指導力の向上にもつながります。そのことで、学校全体で効果的な指導ができる体制になると考えます。

町支 新しい関係ができながら、その中で教師観とか学校観みたいなことが変わっていったんですね。

皆さんのお話を踏まえると、メンタリングは広がりのあるものだと改めて感じました。メンタリングを行う二人や関わっているチームの人たちだけの関係でなく、指導教員や管理職を含めて他の人とも関わる。授業や実践の話をしている時間だけでなく、その前からの文脈や関係も問われる。人を育てるということは、それだけいろんな人に丁

寧に関わるということなのかもしれません。ただ、すごく構えてやる必要があるかというとそういうわけでもなく、互いに関わっていくうちに関係ができていったり、自分自身も気付けることがあったりする。そういうことが自然とメンターの動機や視座を高めてくれる部分もあるかもしれませんね。

今日は、私自身いろいろなことに気付かせていただけた時間でした。ありがとうございました。

脇本　支援という関係性を意識しすぎると、お互いにとってしんどいものになってくると思います。共に学び成長していくという関係性を築いていくことが大事だなと改めて思いました。そういった関わりが積み重なっていくことで、文化として学校に定着していくと素晴らしいなと思いました。

それでは、時間になりましたので、座談会はこれで終わりにしたいと思います。ありがとうございました。

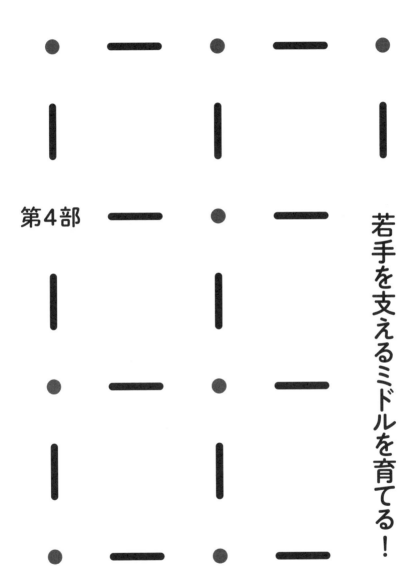

第4部　若手を支えるミドルを育てる！

―若手育成の鍵はミドル―

理論編
ミドルを育てるための理論─研修の設計と実践─

　第4部は「若手を支えるミドルをどのように育てるのか」ということがテーマです。第3部までは、若手とどのように関わるのか、仕組みをどのように作っていくのか、ということが中心でした。第4部は、直接的に若手を育てるということではなく、若手を支えるミドルの育成についてと考えたいと思います。

　人材育成を組織的に行っていくためには、ミドルの育成が欠かせず、特に近年においては、重要になってきています。いつの時代も、若手の育成にはミドルである先輩教師が関わることが多かったかと思います。従来であれば、ミドルという段階は、経験を重ね、教師として余裕が出てきた頃であり、そのタイミングで若手教師に関わるということが自然でした。しかし、年齢構成のバランスが崩れ、キャリアの早回しが起こっている現在においては、まだ経験が浅い段階においてもミドルとみなされ、若手の育成に関わることが求められます。「教師としてまだまだ経験を積んでいきたい、学んでいきたい」と考えているミドルが、校内の後輩に目を向け、育成に関わろうと思うようになるには、何かきっかけや仕掛けなどが必要な場合が多いです。

　それでは、ミドルが若手の育成に取り組むようになるには、どのような働きかけが必要でしょうか。「若手に関わりましょう」とダイレクトにメッセージを発信することで、ミドルがそのようになるとは必ずしも限りません。また、メンタリングや支援の方法をミドルに伝えれば、それが実践され、うまくいくとも限りません。ミドルが若手教師の育成に自身が関わることを納得し、メンタリングや支援の方法を学び、実際に行動に移すようになってもらうためには、どうすればよいのか。第4部では、校内での取り組みから行政研修まで、ミドルの育成に関する実践事例を紹介します。実践事例9が校内での取り組み、実践事例10、実践事例11は行政研修に関する取り組みです。

　それぞれの実践事例の紹介に入る前に、理論編として、研修の設計と実施について、研修に関する研究をもとに考えていきます。研修の設計については中原（2014）

をもとに、研修の実施については脇本ら（2015）をもとに紹介します。

　それでは、最初に研修の設計について考えていきたいと思います。研修を実施するためには、まずは目標の設定が重要です。授業と同じで、参加者がどのようになればよいのか、具体的にイメージすることが求められます。そのようなイメージをもとに、研修の中身を考えていく必要があります。

　目標の設定は、行動レベルで行うことが重要です。中原は、学習者に獲得してもらいたいものを、ナレッジ、プラクティス、バリューに分割し、それぞれの行動目標を設定することが重要であるとしています。ナレッジとは「行動目標を満たすために必要な知識」、プラクティスとは「行動目標を満たすために必要な身体技法の訓練」、バリューとは「行動目標を満たすために持ってもらいたい価値観」を指します。

　本書で言えば、ナレッジは、第2部、第3部で扱ってきた1対1や組織での関わりなどの理論や方法論が当てはまります。プラクティスは、それらの理論や方法を実際に実践できるかどうかということです。座談会での語りにあったように、例えばメンタリングの方法を分かって（ナレッジを身につけて）いても、実際にうまくできる（プラクティスがうまくいく）とは限りません。練習や実践を積み重ねて向上していく必要があります。バリューは、若手教師を育成することの重要性・必要性をミドル本人が自覚しているかどうか、ということや、教師を育てるうえで何を大事にするのか、といったことです。若手教師を育成することの重要性や必要性をミドルが認識していなければ、そもそもミドルがそのような行動をとる可能性は低いと言えます。また、どのような教師を育てるのか、ということがなければ、若手教師との関わりが表層的で、若手教師のその場の問題解決のみに着目しがちになると想像できます。

　このように、研修の設計には、まずは目標の設定が重要になってきます。ナレッジ、プラクティス、バリューが明らかになれば、研修の中身を決めることができます。ナレッジ、プラクティス、バリューを研修の受講者が身につけるためには、何が必要なのか、を考えるということです。

　では、目標が決まった後は、どのように研修の中身を作っていけばいいのでしょうか。中原は、「『学びの原理・原則』を心にとどめつつ、学習活動ブロックを試行錯誤しながら組み立て、学習活動の流れを明示化する」ことが必要だと述べています。目標を

達成するための活動を考え、それを構成する際は、「学びの原理・原則」をもとに進めることが重要だということです。中原は、「学びの原理・原則」として、七つを示しています（図）。それぞれの説明と、本書の場合（ミドルの研修）においてはどうなるのかということを考えたいと思います。

・目的の原理
・学習者中心の原理
・多様性と螺旋の原理
・知識と体験の原理
・学習者共同体の原理
・フィードバックと内省の原理
・エンパワーメントの原理

図：学びの原理・原則

「目的の原理」は、参加者に研修の目的を理解してもらうということです。参加者にとって、目的や意義が分からない研修は、安心して学ぶことができず、それどころか不満を持つことも考えられます。研修の冒頭において、研修の目的を参加者と共有する必要があります。研修が若手教師の育成について学ぶ場であるということ、そして、なぜそれが求められるのか、研修ではどのような方法や理論について学ぶか、参加しているミドルとまずは共有する必要があります。

「学習者中心の原理」とは、学習者（研修の参加者）の立場に立ち、学習者の現在の状況に合った学習内容を選択するということです。ミドルが現在置かれている状況や若手教師の育成方法についてどの程度知っているのかなど、事前に参加するミドルについて把握した上で、研修の内容を考える必要があります。これまでも述べてきたように、ミドルにとって、若手教師の育成は必ずしも自分事になっていないかもしれません。その場合、まずはバリューを高める関わりが必要になってきます。もしくは、すでに意義を理解し、実践を進めているミドルもいるかと思います。その場合は、より実践的な内容が必要であったり、参加者同士の交流がヒントになったりするかもしれません。このように、研修に参加するミドルに合わせて、内容を変えていく必要があります。

「多様性と螺旋の原理」とは、多種多様な活動を組み合わせ、低次な活動から高次の活動へスモールステップでステップアップしていくということです。階段をのぼるようなイメージで、学習内容を積み上げていき、内容が徐々に深くなっていくような構成にすることが重要です。メンタリングであれば、まずは相手の話を聞くことができるようになることが必要ですし、それをもとに様々な関わり方ができるようになる必要があります。これらを一挙に学ぶのではなく、順をおって、スムーズにできるようになるよう活動

を考える必要があります。

　「知識と体験の原理」とは、「概念的な知識を学ぶこと」と「体験や実習を行うこと」のバランスをとるということです。知識ばかりを蓄えても実践の改善に必ずしもつながりませんし、体験ばかりでは這い回る経験主義のようになってしまうことも考えられます。知識を得る場面と、それを活用していく場面を、バランスよく取り入れていくことが重要です。メンタリングや支援の方法を学んだら、それを実際にやってみる場を設け、振り返ることが求められます。体験は研修の中で行うことが多いかもしれませんが、研修を複数回にして、研修で方法を学び、現場で実際に若手教師に働きかけを行い、次の研修でその方法を振り返るといった構成も考えられます。

　「学習者共同体の原理」とは、研修を他者と共に学べる形式にするということです。他者と対話することで、自身の考えを外に出し、フィードバックをもらい、自身の理解を深めていくことができます。自校での状況や若手教師への関わりを研修の中で共有し、お互いにコメントすることで、様々な若手教師がいて、様々な関わり方があるということを学ぶことができます。また、自身の関わり方についてコメントをもらうことで、新たな気付きを得ることも期待できます。

　「フィードバックと内省の原理」とは、学習した内容について、実践することを促し、その実践結果について、フィードバックと内省する機会を設けるということです。「知識と体験の原理」で述べたように、研修で学んだことが実践に生かされ、それらについてフィードバックがあり、改善できるような仕組みが、現場の変容を促していきます。

　「エンパワーメントの原理」とは、研修の最後に、学習者を元気づけて、実際の改善につながる行動を引き起こすということです。これは、人材育成に関する研修にとっては特に重要かもしれません。授業に関する研修などでは、明日から自身の授業で活用してみようという気持ちがわきやすいように思います。一方で、人材育成の場合、実際に試してみようという心構えになりにくいことが考えられます。若手の育成を行うことの意味を積極的に伝え、それを励ますような終わりにすることで、参加者であるミドルが実際に学校でやってみようと考えることにつながると期待できます。

　以上、七つの「学びの原理・原則」について説明をしてきました。これらを意識しながら、まずはどのような活動が必要か設計し、それらを組み合わせ、順序を考えて

いくことが重要です。参加者や現場の変容を促すためには、単発の研修ではなく、理論や方法を学び、それを活用し、振り返る機会など複数回の研修とし、研修と現場をつなげていくようなあり方が求められます。

　ここまでは、研修の設計について説明をしました。次は、研修の実施についてです。脇本ら（2015）の研修運営に関するスキルリストを紹介します。これは、もともとは教育のICT活用に関する研修「ICT研修ファシリテーター養成講座」における研修運営のスキルリストで、研修を進めていく上での重要なスキルがリストアップされています。「ICT研修ファシリテーター養成講座」とは、ICT活用指導力の向上に資する教員研修を企画・デザインし、円滑に実施し、参加者相互の学び合いを可能とする働きかけができる研修講師を育てる講座です。ICT活用に関する研修を念頭においているため、表の中にはICT活用に特化した記述もありますが、そのエッセンスは人材育成に関する研修においても変わりません。表は、研修の導入から展開、まとめまでの流れの中で、それぞれのスキルが書かれています。

　導入でのスキルリストは、概要説明、雰囲気づくり、レベル調整、興味喚起で構成されています。校内研修でもない限り、多くの場合、参加者と対面するのは研修当日だと思われます。お互いに初対面の状況の中で、冒頭において、目標を共有し、これから学ぼうという雰囲気づくりができるかどうかが研修の成否に大きく関わります。研修の設計において、事前に様々なことを決めているかと思いますが、参加者の様子を察知し、臨機応変に変えていく必要があるかと思います。このあたりは授業と同じように思います。

　次が展開です。講義なのか、演習、模擬授業、発表なのかで行うべきことは変わってきます。このあたりも授業と同様です。講義であれば、話の分かりやすさ、双方向性、そして、参加者の様子に合わせて内容を柔軟に変えていきます。演習、模擬授業、発表であれば、どのような活動であるのか、指示を明確にし、活動中にはモニタリングを行い、参加者に関わることが求められます。状況に応じてフィードバックも行う必要があります。

　最後はまとめです。研修後の参加者の行動変容につながるような関わりが求められます。参加者が学んだことを振り返り、励ましで終わることで、次につながることが

ア．導入	
01：概要説明	研修の目的、ゴールイメージ、流れ、参加ルールを説明できる。
02：雰囲気づくり	参加者の緊張をほぐし、学び合える雰囲気をつくることができる。
03：レベル調整	参加者の様子（ＩＣＴ活用への関心、参加者同士の関わりなど）を把握し、必要に応じて、研修の目的や内容を微修正できる。
04：興味喚起	ＩＣＴ活用への興味関心を喚起し、研修への意欲を高めることができる。
イ．展開（講義）	
05：話し方	講義の際、伝える内容を整理して、わかりやすく話すことができる。
06：双方向性	参加者の理解度や疑問を把握するために、挙手を求めたり、発問をはさむなど双方向のやりとりを取り入れることができる。
07：知識提供	受講者の疑問に応じて、ＩＣＴ活用に関する動向、知識・スキル、事例を提供できる。
ウ．展開（演習、模擬授業、発表）	
08：活動概要	活動の目標、ゴールイメージ、時間配分、参加ルールについて説明することができる。
09：モニタリング	活動の進捗状況をモニタリングし、必要に応じて、時間配分を調整したり、個別に支援（声かけ、解決の糸口の提供、さらなる課題の提供など）を行うことができる。
10：学び合い	参加者同士の学び合いを促すことができる。
11：フィードバック	発表の良い点をフィードバックしたり、より掘り下げる問いかけやコメントができる。
エ．まとめ	
12：振り返り	参加者の気づきや学んだことの振り返り、共有を支援することができる。
13：質疑	質疑の時間を設け、参加者の疑問の解消に努めることができる。
14：情報提供	参加者の成果をもとに、今後のＩＣＴ活用に役立つ情報や事後課題を提供できる。
15：フィナーレ	研修への参加を相互に讃え合うなど、良きフィナーレを演出できる。

表：研修の運営に関するスキルリスト

期待できます。

　これから紹介する実践事例 9 から実践事例 11 は、これらの要素が埋め込まれている取り組みになります。

「校内 OJT によるミドルリーダーの育成─管理職の関わり─」

　実践事例9は校内におけるミドルリーダーの育成がテーマです。ミドルリーダーが育つ管理職の関わりとはどのようなものなのか、校内 OJT という視点で紹介をしています。ミドルリーダー育成のためには、その職責や役割についての十分な理解と、リーダーとして組織を牽引していく意欲を持ってもらうことが重要であり、そのために様々な機会や関わりを持っています。ミドルを学年主任に任命し、リーダーとしての経験を積ませる一方で、「学年主任の勉強会」などを通して管理職が経験の振り返りなどを支援しています。また、経験豊富な主幹教諭を同じ学年に配置することによっても支援を行っています。

　役割が人を育てるということは、これまでの調査などでも明らかにされてきました（例えば脇本・町支（2015）などがあります）。管理職の立場で大切なことは、その役割によってミドルが経験したリーダー経験を、いかにミドルの成長につながるように関わるかということです。第2部でメンタリングなどの理論を紹介してきましたが、管理職によるミドルリーダーの育成もメンタリングなどの理論をもとに関わることで、その成長を促すことが期待できます。

　実践事例9は校内 OJT ですが、ミドルと目指すべき目標を共有し、様々な経験を積み、それらを管理職や他の立場の教師と振り返ったり支援を受けたりといった場が用意されており、学びの原理・原則がうまく取り入れられている取り組みです。

「ミドルの育成を目指した OJT 連動型研修─横浜市の取り組み─」
「ミドルリーダーと初任期教員がともに学ぶ研修システム
─大阪府の取り組み─」

　実践事例10は横浜市教育委員会の取り組みで、実践事例11は大阪府教育委員会の取り組みです。ミドルを対象に組織づくりや人材育成など、ミドルを対象にした

ミドルリーダー育成に関する研修です。両研修共に、単発の研修ではなく、年間を通した研修（集合研修と現場での実践の組み合わせ）によって、理論や方法を学びながら、それらをもとにアクションプランを立て、参加者と共に振り返ることで学べるように設計がされています。実践事例9と同じく、役割意識を大切にし、ミドルがミドルリーダーとして取り組むことに納得し、その上で現状認識を行い、自らで目標を立て、その解決に取り組むことを研修で支援しています。

　また、実践事例11では、「自己成長・確認シート」や「初任者校内研修シート」についても紹介がなされています。これらのシートを活用することで、初任者の学びや成長を可視化することができ、特に「初任者校内研修シート」ではミドルと共に取り組めるようになっています。第2部実践事例3では、校務分掌に関するメンタリングシートを紹介しましたが、少ない時間の中で、ミドルが初任者の育成に効果的に関わるためには、このようなツールを活用することがとても重要です。対話のみでは共有することが難しかったものでも、シートによって可視化されることで、話しやすくなったり、新たな気付きを得たりすることできます。ミドルの育成の方法と共に、ミドルが後輩の人材育成の際に用いるツールも考えていくことが、よりよい人材育成につながります。

（脇本　健弘）

（町支　大祐）

〔参考文献〕
・中原淳（2014）研修開発入門. ダイヤモンド社，東京
・脇本健弘, 町支大祐（著）中原淳（監修）（2015）教師の学びを科学する：データから見える若手の育成と熟達のモデル. 北大路書房，京都
・脇本健弘, 稲垣忠, 寺嶋浩介, 中橋雄, 島田希, 堀田龍也, 坂口真（2015）ICT研修ファシリテーター養成講座の開発. 日本教育工学会研究報告集 JSET 15-5：95-102

実践編

《実践事例 9》校内 OJT によるミドルリーダーの育成
―管理職の関わり―

・・・・・・・・・・・・・・・ 1. はじめに ・・・・・・・・・・・・・

　学校現場では、ベテラン教師の大量退職、それに伴う大量採用によって経験の浅い教師が増えています。また、中堅教師はもともと採用が少なかったため、近年では学校における教員の年齢構成や経験年数はアンバランスな状況となっています。かつての学校のように、ベテラン教師がミドル層の教員を校内で育て、活躍するミドル層を目指して若手教員が育つというよい循環は見られなくなってきているのです。それに加えて、学校現場の課題は年々複雑さを増しており、教員一人一人の負担は増加する一方で、学校の中での役割はミドル層や若手教員においても重いものとなっています。若手が増え、その育成は急務ですが、少数のベテランやミドル層は、そこまでなかなか支援の手を回せない、どのように支援していけばよいのか分からないという状況に陥っています。

　こうした現状を踏まえ、喫緊の課題であるミドル層や若手教員の人材育成を図るために、校内の組織や個々の教員の経験値を生かした「校内 OJT によるミドルリーダーの育成」への取り組みを各学校で進めていくことが、求められています。

・・・・・・・・・・・・・・ 2．実践の紹介 ・・・・・・・・・・・・・・

（1）実践の概要

　「校内OJTによるミドルリーダーの育成」とは、校内の組織や人材を生かした、「同僚性が高く、学び合い、育ち合う組織づくり」といえます。この事例ではミドル層が意識を変え、キャリアステージ上の自分の役割を認識し、それに向かって力を伸ばしていくために、校内でどのような方策をとったのかを紹介します。ミドル層の意識変革を図るために、ミドル層を学年主任として配置した上で「学年主任学習会」を計画・実行したり、ベテラン層がミドル層の人材育成に適切に関わることができるように、主幹会議を活用して管理職として働きかけたりして、それぞれの学校運営への意識を高め人材育成を図っていきました。ミドル層がミドルリーダーとしての役割を意識し、力を発揮したことによって、若手も同時に育成されました。結果、教育活動に一丸となって取り組む同僚性が生まれ、学校で教員同士が協働していく風土が醸成され、学校力を高めることにつながったのです。

（2）事例紹介

①　ミドル層を学年主任に

　A小学校は、数名の主幹教諭が配置されており、その数名が学校運営の主軸となってさまざまな組織を束ね、学校の教育活動全般の企画・運営に携わり、学年主任も兼ねていました。しかし、その仕事量は膨大となっていることや、主幹教諭の働きに依存してミドル層が育たないという課題が見られました。また、新採用教員が増え、5年未満の経験しかない若手教員が3割以上を占めている状況であり、これらの若手教員の育成も課題となっていました。

　そのような組織の体制を見直し、主幹教諭の力を活用しながら、その下に各学年主任を置き、各学年団で若手を育成し、組織を活性化することを目指していこうと考えました。まず、主幹教諭がそれまで学年主任も兼ねていたことを見直し、各学年に

主幹とは別の教諭を学年主任として配置しました。そして、組織の活性化を図り、ミドル層がリーダーとしてその職責を担うことを期待して、ミドル層に学年主任を任せました。当然、初めて学年主任を務める教諭が多く（6人中4名）、経験年数5年目という教員もいました。

② 学年主任学習会の開催

　意欲的に学年主任の仕事に取り組み、学年主任の職責や役割の理解を深めるために、学習会を定期的にもつことにしました。とはいえ、繁忙な業務をこなす中で、新しい会議をたくさん増やすことはできません。およそ学期に1回を目安に開催することを目標にしました。

　ア　第1回学年主任学習会の実際

　まず、4月の始業前の早い時期に校長・副校長と学年主任のメンバーで、学年主任として学年を経営するのに必要な視点や、目標を具現化するための方策について学習する機会をもちました。この1回目の学習会では、学年主任になった不安感を取り除いて、今後の見通しと経営の方針を立て意欲的に学年経営に取り組むことができるようになることを目標としました。学校教育目標をもとに学年の教育目標を立てる必要感をもち、それとともに、経営に当たることの重要性に気付くこともできると期待しました。

●学年主任の職務内容について
●学年経営とは
　　学年主任を中心として同学年の教師が相互に協力し合いながら、児童の指導を推進するための組織的な活動
●学年の教育目標設定
●学年の教育目標を設定していくための学年経営方針
　・指導の重点
　・教育課程の管理
　・学年の教育活動や学年行事
　・学年内の研究・研修
　・児童指導

・保護者との連携・協力
・学年内の役割分担・協力体制・人材育成　　　　　等

表1：1回目の学習会の内容

イ　第2回学年主任学習会

　2回目に学年主任学習会を開催したのは、夏季休業中です。これは、1学期の学年経営や現状を振り返り、成果と課題を明らかにし、これからの学年経営に生かすためでした。PDCAサイクルのCAの部分にあたります。振り返る視点を4点明示して、これをもとにそれぞれが振り返ってみました。

●学年目標や学年で育成を図りたい子どもの姿が学年メンバーの中で共有されているか

●学年間で、報告・連絡・相談が円滑に行われているか

●学年研究会（以下「学年研」ともいう）が研究会として充実した内容になっているか

●学年メンバーのそれぞれの特性や個性などを生かしているか

　夏季休業中の学年主任学習会に参加し、この4点を中心に自己の学年経営を振り返った学年主任の感想を以下に紹介します。

K教諭（3学年主任）

　私は正規採用されて5年と年数も短く、学年主任となったときは正直、主任として何をどのようにしていけばよいのか、分からないことばかりで、不安が大きかったです。4月の学年主任学習会でおおよその仕事は理解したつもりでしたが、具体的には、学年目標を決め、分担をして動き出すことしかできませんでした。それでも同学年に主幹のN先生がいてくれたので、学年研の運営や進行の仕方等、行き詰まるたびに質問したり相談したりして、何とかやってこられました。今回の学習会でいくつかのことを振り返り、課題が明確になりました。それは、自分が学年主任としてメンバーを生かした経営を全く考えていなかったことです。私は仕事の役割を分担しましたが、その役割が本当に必要だったのか考えてもみませんでした。学年目標にしても掲げてはみましたが、学年での色々な取り組みで意識されていたかというと、子どもたちも学年のメンバーもそれほど

意識した取り組みになっていませんでした。

　よかったと思う点は、学年内の風通しのよさです。学級の子どもの状況については学年メンバーで日常的に話題にしていましたので、どの学級の子どものこともメンバーで共有しています。なので、問題が起こったときにも協力し合って解決に至ることができました。初任のO先生も学年になじんできてくれています。

　今後は学年研の持ち方を工夫して、それぞれの得意なことを生かした取り組み紹介やN主幹にお願いして、教材研究の在り方等を学ぶ機会にできたらよいと考えました。具体的には、これからは学年研の内容のテーマを決め運営していこうと思います。

M教諭（6学年主任）

　学年主任としての経験はありましたが、学年主任としての役割をきちんとこれまで把握していたかというと、そうではなかったと感じました。今まで自分が出会った学年主任の仕事ぶりを何となくまねて、その任に当たっていたことが分かりました。特に学年研については、反省することが多くありました。伝達事項の連絡や日程の確認、学年便りの中身の相談などで終わっていたことが多く、もっと授業内容や指導法に迫った内容や子どもの実態にそった課題解決の場にできたのではないかと思いました。伝達や確認などは、工夫すれば、日常的な場で共有できたり前もって回覧したりしておくこともできますし、学年研の内容の充実を図る時間を確保することも可能だと考えました。

　2年目の教員が初めて6年を担任し、対外的な行事等をこなすことに追われてしまっていることに気付いてはいましたが、どのように人材育成を図ればよいのか自分でも迷っていました。学年研で授業や学級経営を話題にしていきながら、見通しをもたせたり悩みを聞いたりしていこうと、考えました。

　このように、学年主任学習会で、自己の学年主任としての取り組みを振り返り、次の学年経営・運営の足掛かりとしようとしていることが分かりました。

　夏季休業中以降も学年主任学習会をもち、同じような視点で振り返り、PDCAサイクルを回していくようにしました。

③　管理職との面談の実施（学年主任としての振り返り）

　学年主任学習会で、理解したことを基に、前記のように振り返ると、それを生かし

て学年経営の見直しをすることになります。これまでの学年経営を学年主任学習会等を通じて振り返り、その都度、プランを練り直し経営案の修正・改善をしていくことが、よりよい学年経営を実現していくことにつながります。また、その際には管理職が一人一人と面談をするようにしました。

　前述の3学年主任K教諭と校長との面談場面の一部を紹介します。

校長：3学年のメンバーは職員室でよく子どもの話題が出ていますね。メンバーの雰囲気がとてもよいと感じています。

K教諭：私は初めての学年主任で、分からないことが多く、メンバーの皆さんと相談して決めていることが多いです。それで、色々情報交換も進みますし、皆で納得した上で色々なことが進められます。

校長：学年団のチームワークがよいということですね。K先生の経営のよさの一つだと思いますよ。初任のO先生の様子はどうですか？

K教諭：とてもがんばっています。学年で分担された仕事もしっかりやっています。ただ、授業の進め方や課題のある子の扱い等悩むことが多いようですが、自分がうまくアドバイス出来なくて…。

校長：振り返りで、学年会の内容を工夫してN主幹の力を借りながら教材研究について学びを進めていきたいと書いてありましたね。とてもよいと思いますよ。O先生の授業についての悩みの解消にもつながるのではないでしょうか。N主幹の授業後の板書等を見ることで自分の指導の参考に出来ると思いますね。ところでO先生の得意な教科ってありそうですか？

K教諭：図工が好きだと言ってます。なので図工の教材研究をO先生中心でやってみます。それから、N主幹の板書も学年全体で見合うことにしたいと思います。

　自信がない様子だったK教諭でしたが、学年メンバーの活用を考えながら、少しずつ学年主任の仕事を理解し、「こんなことをしてみたい！」と意欲をもち、ミドルリーダーとして力を発揮し始めました。

④　主幹教諭のさらなる活躍を図るための「朝の主幹会議」

　A小学校では、はじめに述べたように主幹教諭が数名配置されていました。そして主幹がそれぞれの部のリーダーとして大きな役割を担う組織体制でした。例えば「総

務部」の部長は教務主任の役割を果たし、「研究部」の部長は研究推進委員長を、「研修部」の部長は教職員のさまざまな研修や初任者研修等の年次研修をまとめていました。「指導部」は児童指導委員会を束ね、対外的な折衝も請け負っていました。しかし、校長は主幹が学校運営の中核を担いながらも、それぞれの部が分断されていては、創造的で活性化された組織を構成し、学校力の向上には結びつかないと感じていました。そこで、週に2回「朝の主幹会議」という打ち合わせ会をもつことにしました。放課後にそのような会を改めてもつと、時間もかかり企画会と混同しがちなので、それよりも顔合わせに近くフランクに話ができる会として週2回朝の15分を充てました。1回目はその週の見通しを立てる日程確認等を中心に、2回目はそれぞれの部署で話題になっていることの情報を収集し、課題や成果を共有することにしました。この会を通して、校長としてのビジョンを共有し波及するという効果がありました。校長のビジョンへの意見や柔軟な主幹の考えやアイデアの吸い上げもできたのです。驚いたのは、この会を開くようになってから企画会等の他の会議がとてもスムーズに進むようになったことです。お互いの理解が深まったからではないかと推察されます。

情報収集
意見の吸い上げ

校長のビジョン
の共有

朝の主幹会議の様子

・・・・・・・・・・・・3. 取り組みのポイント・・・・・・・・・・・・

(1) ミドル層を学年主任に配置するときの配慮やポイント

初めて学年主任となった教員の不安を考え、経験豊かな主幹教諭をその学年付と

して配置しました。いきなり学年主任の職責を担うのは、不安が大きいと考えたからです。主幹の人数により、一人の主幹が二学年を担当する場合もありましたが、職員室の机の配置を工夫して1・2年のスペースに一人の主幹の机を置くようにする等、主幹が相談にのったりアドバイスをしたりしやすくしました。

その上で、以下の点に留意して、ミドル層に学年主任を任せるようにしました。

① 学年主任の役割の理解と意欲の醸成を図る

ミドルリーダー育成のためには、まずその職責や役割についての十分な理解と、リーダーとして組織を牽引していく意欲をもたせることが必要だと考えました。ミドル層は、これまで学級担任や教科担当として組織の中で動き、学年組織の一員として学年経営を支える役割を担ってきています。しかし、学年主任として学年全体を見て、教育目標の方向性を考えたり、実際に運営して潤滑に学年を動かし、若手人材の育成も担ったりしていくためには新しい視点をもつ必要があります。これまでの自身の経験の中で、学年主任の動きは観察してきているはずですが、一方で、学年組織が活性化し、一人一人が充実した学級経営や授業実践ができるために、学年主任としてどのような役割を果たすべきなのかを考えてきてはいません。まず学年主任の職責や役割を十分に理解し、学年主任としての自覚を促し、意欲的に学年経営に取り組む姿勢を醸成していく必要があると考えました。

② 目標を具現化していくためのイメージをもてるようにする

学年主任として学年経営に当たるために、具体的な目標をもち、それを具現化していくための方策やイメージがもてるように、研修の機会や相談の機会をもつ必要があると考えました。そこで、学年主任学習会を定期的に開催することにし、お互いの学年経営の在り方を共有したり、検討したりして協働的に学ぶ場としていきました。お互いの取り組みを振り返り、それをもとに修正・改善を加えていくように、PDCAサイクルを活用していこうと考えました。

(2) 学年主任学習会での取組のポイント

① 第1回学習会では

はじめに、学年主任が学校づくりのキーパーソンであり「学校のよりよい教育活動

を実践し、カリキュラムをマネジメントするとともに、人材育成・人材活用の要としての活躍を期待していること」を管理職として伝えました。これは、意欲をもって任に当たってもらうための大切なメッセージでした。そして、管理職が学年主任の職責や役割について講話をしたり、どんな学年経営を考えているのか構想等や不安なことはどんなことか、それぞれ出し合い、お互い共有したりしました。この学習会では、ゲストとして主幹教諭1名以上に参加をしてもらい、アドバイザーとして位置付けました。

　学年経営では、それぞれの学年メンバーをどのように生かして経営していこうとするのかが非常に重要なポイントとなります。例えば、初任者がメンバーにいたら、その人材育成も図りながら学年内の役割を決める必要が出てきます。そのために若手に役割を与えることも若手のやる気を引き出すことにつながります。前もってそういうさまざまな視点をもって学年経営に当たるために、4月当初の学年主任学習会は大切な意味をもちます。

② 　第2回学習会以降では

　ここではこれまでの取り組みを振り返ることが大切ですが、漠然と振り返るだけでは次の一歩にはつながらない、経営のポイントを押さえることが必要であると考え、振り返る視点を明示しました。そして、その意味を考えながら振り返るように示唆しました。

　●学年目標や学年で育成を図りたい子どもの姿が学年メンバーの中で共有されて
　　いるか

　目標やめざす子どもの姿は、学年で教育活動に取り組む際に常に意識されたり、活動後、その視点で評価されたりしていなければ、お題目に掲げられて終わってしまいます。行事ごとに意識されていたか、子どもたちにどれくらい浸透しているかを常に振り返ったり、子どもの姿を見取る視点として生かしたりしながら、掲げた目標を実現していくことが大切なことを確認しました。

　●学年間で、報告・連絡・相談が潤滑に行われているか

　例えば、各学級で起こった問題を学年主任が把握していなかったり、気になる子の情報や様子がお互いに共有されていなかったり、学級独自で取り組んでいる特別活動や総合的な学習の時間の内容や活動についてお互いの中で、情報交換がされていなかったりということはないかを確認します。これらは学年組織を血の通った組織と

してマネジメントできているかを見極める上で重要なポイントだからです。協働的に問題解決ができ活性化された組織は風通しがよく、学年団としてよりよい教育実践を積み重ねていくことができることを意識する上でも大切な振り返りの視点だと伝えました。

●学年研究会が研究会として充実した内容になっているか

経験の浅い若手教員のためにも、学年研究会が単なる日程確認や行事の運営の確認、連絡等で終始しているのではなく、研究会として内容が充実した会になっていることが大切です。学年研究会の中で教材研究や単元作り、授業の流れや導入の工夫など、よりよい実践につながる協働的な学びが行われているか。また、児童指導の在り方について事例を出し合って指導に生かせるような場になっているか、学級経営・学級指導で根幹とするべきことを学び合える場になっているか等々、内容の充実が図られているかが大切な振り返りの視点になります。例えば、学年研究会の記録等を資料として、その内容を洗い出し、それぞれの学年主任が共有し学び合うことができます。

●学年メンバーのそれぞれの特性や個性などを生かしているか

学年のメンバーは、それぞれの年度で当然異なります。メンバーに若手やベテランがうまく入っている場合もありますが、特に若手採用が増えている昨今、多くは偏りのある組織となっています。そのメンバーの経験年数や力量、特性について把握し、それを生かした学年経営が求められています。得意な教科があったり、司書教諭の免許をもっていて図書指導にたけていたりと、一人一人の持ち味も違います。1年後にこんな力を付けてほしいという具体的な姿をイメージしながら、どんなふうに人材育成を図ろうか考えることが必要です。例えば、体育指導が得意な教員の力を、メンバー全体の体育授業指導力向上に生かせるように働きかけることなど具体的な方策を考えて取り組んでいるか、振り返ることは学年経営において重要なポイントになります。

(3) 学年主任と管理職との面談のポイント

紙面での改善とともに、管理職が一人一人と面談をし、アドバイスをしたり、評価したりすることがポイントになります。管理職が学年主任としての働きぶりをきちんと見取っていることを示すことで、成果を感じたり、課題を明確にしたりしながら、より学年

主任としての役割を果たすことに意欲をもつことができるからです。

（4）主幹教諭のさらなる活躍を図るための「朝の主幹会議」での取り組み

　この主幹会議の中で、経験の豊かな主幹教諭の力を学年主任育成に発揮してもらおうという提案をし、二つのことを依頼しました。

　●主幹教諭がこれまで、学年主任として行ってきたことを伝える場として学年主任
　　学習会に交代で参加したり個々に伝えたりすること

　主幹教諭がこれまで学年主任として行ってきたこと、特に形式的な仕事の部分ではなく、表面には表れないが、意識したことや配慮したことについて、学年主任学習会にオブザーバー的に参加し伝えていくことで、その経験から学ぶ機会をつくりたいと考えたのです。しかし、学年主任学習会は限られた回数なので、できれば機会を見て個々にそれを伝えてほしいと依頼しました。

　●1対1で相談に応じたり、課題について一緒に考えたりしてメンターのような存
　　在になること

　学年主任になった教員を指導するというよりも、見守り、時には相談にのり、望まれればアドバイスをするという「メンター」のような存在になることで、学年主任は自分で学年経営を考えるにあたり大きな安心感を得るだろうと考えました。実際に自分の学年のメンバーの中に主幹がいる場合、頼りにして相談した例が前述の学年主任の振り返りの中にもありました。

　大事なことは、学年経営を主幹がやるのではなく、あくまでも見守り支えるという役割を果たしてもらうことです。学年主任とはかくあるべきと教え込む必要はありません。主幹にそれを理解してもらい、その役割を果たしてもらうことで、学年主任育成に関わってほしいと期待し、その趣旨の理解を図りました。

（大内　美智子）

実践編

《実践事例 10》ミドルの育成を目指した OJT 連動型研修 ―横浜市の取り組み―

　横浜市では、10 年次教員研修、そして教育公務員特例法の一部を改正する法律（平成 28 年法律第 87 号）で定められた法定研修である「中堅教諭等資質向上研修」を「人材育成マネジメント研修」として実施しています。ここでは、平成 26 年度から令和元年度に行われた OJT 連動型研修「人材育成マネジメント研修」を紹介します。6 年間行ってきたこの研修は、横浜市の教職員の人材育成の風土を築き上げてきた**重要な取り組みの一つ**と考えています。横浜市の人材育成の現状と課題を踏まえた研修のコンセプトと研修内容の開発及び実践について詳細を述べ、**校内 OJT でも活用できる人材育成におけるミドル層の育成ポイントを考えます。**

・・・・・1. 人材育成マネジメント研修のコンセプト・・・・・

(1) 横浜市の人材育成の現状と課題

　横浜市は平成 17 年度頃から大量退職・大量採用が始まりました。経験の浅い教職員の増加に伴って、学校を組織する教職員の経験年数に大きな変化が生じてきました。それは、経験の浅い教員の増加です。平成 26 年 4 月時点では、全教職員の56％が経験 10 年目までの教職員という状況でした。そして、リーダーシップを担うべきミドル層不足が進み、今までよりも経験の浅い教職員にも高度な役割が求められるようになりました。どの学校でも共通の課題は、「経験の浅い教職員をどう育成するか」でした。その課題に対応するために、平成 17 年度頃から横浜市全体の学校で、徐々に広がったのが「メンターチーム」です。

(2) メンターチームを支える横浜市の研修体系

　メンターチームが横浜市全体の 92.3%に広がったのは（平成 30 年度横浜市メンターチーム等の状況調査から）、実践とその成果が横浜市全体に伝わっていったことが大きな要因と考えられます。さらにメンターチームを充実させるために、研修の仕組みや内容を開発し実践してきたことも影響していると考えます。

　横浜市では、人材育成指標を策定し、キャリアステージに応じた研修を実施しています。そして研修の受講者に、自校の校内での人材育成の役割に応じて遂行するために必要な「役割認識」「人材育成の理論」「知識・技能」等といった内容を取り入れています（図1）。

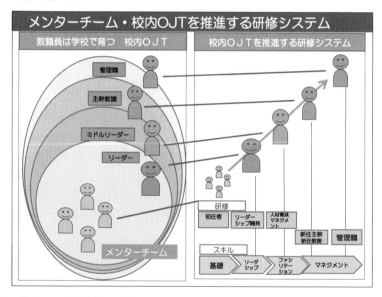

図1：校内OJTを推進する研修システム

　経験年数 4 から 10 年目の教員は 1 年間を通じて行われる「リーダーシップ開発研修」を受講します。この研修の対象者は、校内でメンターチームのリーダーもしくはリーダー的役割をすることが多い（平成 27 年度及び平成 30 年度横浜市メンターチーム等の状況調査から）ことから、1 年間でリーダーシップを中心に学びます。そして、さらに経

験を積み、教職経験年数 11 から 13 年目になると、本実践事例のテーマである人材育成マネジメント研修を受講します。

(3) 横浜市の人材育成マネジメント研修の特徴

　人材育成マネジメント研修の受講者は、それぞれの学校の「人材育成の要」となる教員です。そして、**今後ミドルリーダーとして、学校経営に参画し、組織運営等を遂行するための「ファシリテーション」「マネジメント力」等を、研修と校内 OJT における人材育成の実践を通して向上させる**ことを目的としています。研修内容を「人材育成」に特化しているのが特徴です。研修の目的を受講者にもより意識付けるために、平成 26 年度から「人材育成マネジメント研修」という名称にしています。

　横浜市では、メンターチームの実態調査をもとに支援する研修開発等を、平成 23 年度から 25 年度までの 3 年間、東京大学 (現立教大学) の中原淳准教授と共同で研究を行ってきました。調査研究から横浜市の人材育成の課題に対応するためには「学校のミドル層である 11 から 13 年目の教職員が学校の人材育成の要となり、そのための人材育成力の向上が重要である」と考えました。そして、共同研究で開発を行った本研修を、毎年、横浜国立大学教職大学院の脇本健弘准教授と改善を図りながら実施しています。

・・ 2. 研修の開発―人材育成マネジメント研修から― ・・

(1) 人材育成マネジメント研修の概要について

　1 年間を通じて行われる人材育成マネジメント研修の主な内容は、人材育成指標にもとづき、次のようになっています。横浜市の人材育成指標の特徴として「人材育成」の項目が位置付けられています。そのため、どのキャリアステージ研修でも人材育成に関する研修が行われていますが、人材育成マネジメント研修では、集合研修だけでなく校内 OJT でも人材育成に関することを多く実施しています (**表1**)。

対象経験年数	11〜13 年目
研修期間	1 年間
校外集合研修	5 回　　※人材育成に関する内容を 2 回
選択必修研修	3 回　　※個人の資質能力の向上が図れるように選択
校内研修	18 回　　※内容は授業研・課題研究を含む ※人材育成に関することを 3 回行う
ブロック研修	1 回　　※授業研究会と人材育成研修
企業等研修派遣	選択

表 1：人材育成マネジメント研修の内容一覧

（2）人材育成マネジメント研修でミドル層の人材育成力を高める

　校外集合研修の 5 回の研修では、第 1 回を 5 月、第 2・3・4 回を 7 月と 8 月、第 5 回を 1 月に実施します。最終回となる第 5 回の研修では、校内の人材育成で取り組んだことの振り返りをしますが、その時の受講者の 1 年間の振り返りを紹介します。

> 研修が始まるまでは、人材育成は、管理職や主幹教諭が行うものであり、自分とは無関係だと思っていました。1 年終えて仲間と学んでいく中で、学校組織の一員として若手をどう育成していくか、このままではよくないと自分の事として人材育成を考えている自分がいました。また、校内での実践を通して、自分の成長を感じることができました。

　1 年間の研修を通して、この受講者が成長を実感したポイントが三つあります。

① 　ミドルリーダーとしての自分の役割を認識する

　「人材育成は、自分とは無関係だと思っていました」という記述から、人材育成は自分の役割ではないという役割認識を、自分の事として考えるように変容させていくのがポイントだということが分かります。

② 研修で仲間と学び合う

このように人材育成が自分の事として捉えられるようになったのも、教職経験年数が同じ仲間どうしで学び合うことの有意義性を示しています。グループワークを多く取り入れていく必要があります。

③ 実践を通して実感する—校内OJTと研修の連動—

「校内での実践を通して、自分の成長を感じることができました」という記述から、研修で学んだことを実際に校内で取り組み、経験の浅い教職員の成長を支援し、成果が見られたことで、自分の成長も実感していることが分かります。研修だけで完結させるのではなく、校内OJTと連動させることが重要です。

このように、人材育成マネジメント研修では、「ミドルリーダーとしての求められる人材育成上の役割」を認識し、「経験の浅い教職員をどう育成していくか」を考えて実践し、自分の成長を実感した受講者の振り返りがたくさん見られます。さらに「ミドルリーダーとしての主体性が高まった」「研修の取り組みによって若手の人材育成が活性化した」「メンターチームに改善が見られた」といった校長先生の声を多くいただいています。このように、ミドル層が組織の人材育成の要として成長するという成果があるからこそ、この研修内容を継続しています。

それでは、「人材育成マネジメント研修」によって、参加した教員や学校組織はなぜ変容するのでしょうか。次に、研修のポイントと各回の研修の詳細を紹介することで、ミドル層の人材育成力の向上のポイントを探っていきます。

（3）人材育成力を育む研修づくりのポイントと手だて

人材育成力にかかわらず、研修づくりを考える上で、最も重要なのは、ゴールをどこにするかです。ゴールとして考えられるのは以下の三つです。

1 知識や技能（スキル）の習得
2 学習者の変容
3 学校組織に影響する変容（研修転移）

どのような研修においてもやはり「3」を目指したいところです。中原氏はこのことを

「研修転移」と呼んでいます（中原ほか 2018）。研修転移とは「研修の中で学んだ知識やスキルが実際に『仕事の現場』で実践され、参加者の行動が変わり、現場や経営に『成果』を残すことができ、かつその効果が持続する」と説明しています。しかし、ほとんどの研修が１の知識や技能（スキル）の習得や、２の学習者の変容で終わっているように感じています。

どうしたら３の研修で学んだことを日々実践し、学校組織に影響する変容（研修転移）までいけるのでしょうか。中原氏は、研修転移までの三つの壁を指摘しています（**図2**）。一つ目の壁は、忘れましたという「記憶の壁」。二つ目は、無理です。できませんという「実践の壁」。三つ目は、結局すぐやめたという「継続の壁」です。これら

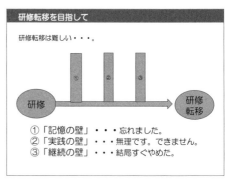

図2：研修転移までの壁

の壁を乗り越えるために、中原氏は三つの提案をしています。

「記憶の壁」を乗り越えるための「事後のリマインド」

「実践の壁」を乗り越えるための「自己効力感」「上司や同僚のサポート」

「継続の壁」を乗り越えるための「研修を二段構えにして、インターバルを設けて、実践後の成果を、二度目の研修に持ち寄るなどの工夫」

この提案を参考に、次の A〜D の四つの手だてを研修に取り入れました。

---

①記憶の壁→ A：サーベイフィードバック

②実践の壁→ B：役割認識　　　C：アクションプラン

③継続の壁→ D：インターバル

※サーベイとは調査の意。詳しくは第３部理論編（82 頁）を参照。

以下は、研修のプロセスで、それぞれの回で四つの手だてを取り入れています（人材育成に係る研修は第１回と第２回、第５回の３回です）。次に、研修のプロセスと四つの手だての実際を紹介します。

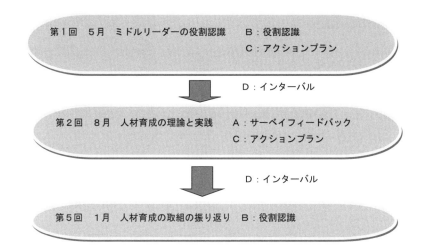

・・・・・・・・・・・・・・ **3. 研修の実際** ・・・・・・・・・・・・・・

　集合研修の3回の詳細を紹介していきます。

(1) 第1回集合研修 (B:役割認識、C:アクションプラン)

　第1回のテーマは「ミドルリーダーの役割認識とアクションプラン作成」です。研修は「B:役割認識」からスタートし、自身がミドルリーダーだということを認識できるようにします。

　まずは、ミドルリーダーに関する質問を投げかけます。受講者約600人には、「これからミドルリーダーになる教員」と「すでにミドルリーダーとして活躍している教員」がいます。そこで研修開始時に「ミドルリーダーとして活躍しています」「ミドルリーダーかもしれない」「ミドルリーダーはまだまだです」の三つの選択肢から当てはまる項目に手を挙げてもらいます。割合は毎年だいたい1対5対4です。後者9割の受講者には「自校のミドルリーダーという役割を認識してほしい」と伝えます。さらに、この研修は「ミドルリーダーとしての資質能力を広げたり深めたりする研修です」と全受講

者に伝えています。

　次に、受講者がこれから学校のミドルリーダーと
して活躍することの大切さを経験年数の分布図や
前年度の受講者のメッセージ等で捉えるとともに、
受講者同士がワークショップで話し合いながら「ミド
ルリーダーの役割」を考える活動を行います。話合
いの結果はポスター（**図3**）にまとめます。これまで
参加者が作成したほぼ全てのポスターに、ミドルリー
ダーの役割として「人材育成」が書かれています。

図3：ミドルリーダーの役割

　このような投げかけや質問、資料、活動を通して、
役割意識を高めていきます。1年間の研修で自分の資質能力の向上を図っていくに
あたり、役割認識がもてないと、「人材育成は自分の役割ではない」「何のために研修
を受講するのか」「どんな資質能力を向上させればいいのか」といった感情から、研
修に対して受動的になってしまい、資質能力の向上が難しくなることがあります。

　その後「C：アクションプラン」の活動に入ります。各自で自分がなりたい「ミドルリー
ダー像」を自己選択し、その目標を実現させるための1年間のアクションプランを考え
ます。この過程はとても重要で、研修が終了する1年後の「自己効力感」へとつなが
ります。

（2）第2回集合研修（A：サーベイフィードバック、C：アクションプラン）

　夏休みの半日を使って「人材育成の理論と実践」を学びます。講師は、横浜国立
大学教職大学院准教授の脇本氏です。第2回集合研修のテーマは「経験の浅い教
職員の成長をどのように促すか」です。研修の目標は「教職員が成長するための理
論を理解する」「教職員が成長する組織づくりを理解してミドルリーダーとしてのアク
ションプランを作成する」です。この目標に迫るために、**図4**の①から⑤の活動を行
います。

① 自校の人材育成の実態把握

　自校の経験の浅い教職員の成長を促すためには、まずは自校での人材育成の実

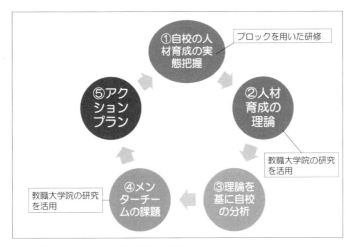

図4：「人材育成の理論と実践」研修の流れ

態を把握する必要があります。実態把握が曖昧なままでは、経験の浅い教職員にどのように関わるべきか分かりません。それぞれの経験値のみや思い込みで関わってしまうと、経験の浅い教職員にとっては逆効果にもなりかねません。この実態把握を支援するために、二つの仕掛けが研修には設定されています。一つが、ブロックを活用した活動で、もう一つが、「A：サーベイフィードバック」（「A：サーベイフィードバック」は②人材育成の理論で行います）です。

　「ブロック」の活動では、「ブロック」を用いて校内人材育成の実態（自校の経験の浅い教職員はどのような状況で、誰がどのように関わっているのか）を表現し、語り合うことで、自校の実態把握を支援します。その際には、「自校の人材育成の実態」を表現する前に、「自身の経験が浅かった頃、すなわちこの10年間に起こった出来事で自分を一回り成長させた出来事」を「ブロック」で表現します。まずは自

身が語り、また、自身が成長した出来事の中での他者との関わりを振り返ることで、その後の実態把握、つまり、経験の浅い教職員についての語りにつながりやすくします。グループで語り合うことで、自校のよさや課題を俯瞰して見ることができ、実態把握がより確かなものになります。

② 人材育成の理論

　①で明らかになった自校の実態を改善するために、人材育成の理論（経験学習など）について学びます。その際には、同時に、横浜市教育委員会と中原研究室及び横浜国立大学教職大学院で行ってきた横浜市の教職員を対象とした人材育成や成長に関する大規模な調査の結果についてフィードバックをします。これが「A：サーベイフィードバック」です。調査では「どんな背伸びの経験が成長につながったか」「内省支援が成長とどう関係があるか」等を質問しています。その調査結果を理論とともに紹介し、「背伸びの経験」「内省支援」について自分の今までの人材育成の在り方を見つめ、今後の在り方を考えていきます。横浜市のデータを見ることで、より自分の今までを振り返ることが促されます。

③ 理論を基に自校の分析

　次に、学んだ理論を基に、さらに自校の実態把握を深め、課題を明確にしていきます。経験の浅い教職員にとって、職場が「成長職場」「かまいすぎ職場」「挑戦させすぎ職場」「非成長職場」のうち（中原 2017）どこにあてはまるのかを分析していきます。この分析を通して「経験の浅い教職員に挑戦させすぎているから、支援が必要だ」といったような「経験の浅い教職員にとって」という視点での課題の把握が可能と

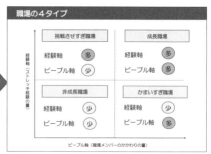

（中原　2017）

なります。

④ メンターチームの課題と⑤アクションプラン

「自校の人材育成の課題」が見えてきた中で、最後にどう解決するかの手だてを考えます。考えるための素材として、ここでさらにサーベイフィードバックと実践事例の紹介を行います。

サーベイフィードバックについては、上記の大規模調査から、「メンターチームの満足度」「どのような支援を求めているか」「メンターチームを活性化させるポイント」などを数値で示します。実践事例は、平成27年度から取り組んでいる「OJT推進事業」における、校内OJTの優れた実践を紹介しています。これらを参考に「C：アクションプラン」の活動に入ります。フレームワークを活用し、課題解決の手だてを考え、校内OJTで取り組む計画、アクションプランを作成します（**図5**）。第2回集合研修終了後はインターバル期間に入ります。参加者はこの間に管理職とアクションプランを共有し、指導助言や支援を受けながらアクションプランを実行します。

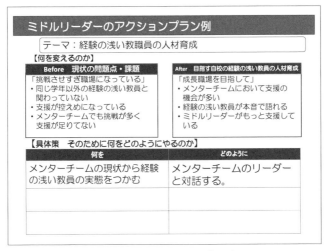

図5：フレームワークを活用したアクションプラン例

(3) 第3回集合研修（B：役割認識、D：インターバル）

7月のアクションプラン作成から半年の「D：インターバル」を経て1月の下旬に、

第3回の集合研修が行われます。半年のインターバルの間に実践したことを振り返る研修です。インターバルを置いたこの研修があることで、「結局やらなかった、すぐやめた」という「継続の壁」を越えます。

　グループでお互いが実践したことで得た気づきや学びを語り合います。この研修で生まれたたくさんの実践があります。語り合いの中で、ある参加者は、自校を「かまいすぎ職場」と捉え、経験の浅い教職員に「背伸びの経験」が大切だと考え、メンターチームの講師を経験の浅い教職員が担当するようにしました。講師になった経験の浅い教職員は、先輩の支援を受けながらやり遂げました。この取り組みを通して「成長職場」へと変容していく様子が語られていました。またある参加者は、自校を「挑戦させすぎ職場」と捉え、ミドルリーダーでチームを作り、メンターチームの支援にあたったと語っていました。

　最後は「B：役割認識」を高めるため「ミドルリーダーとして大切にしたいこと」のワークショップを行います。ワークショップで書き込んだポスターには、ミドルリーダーとして5月よりかなり高い役割認識がうかがえます。そして、それを踏まえて今後のミドルリーダーの在り方、キャリアプランを考え語り合います。研修が終わっても、次の活動につながるようにします。そして1年間の研修の幕を閉じます。

・・4. 研修の成果から考える校内 OJT によるミドル層育成のポイント・・

　最後に、この研修の成果から、校内 OJT におけるミドル層の育成のポイントを整理します。研修受講者の校内における育成担当者（管理職や主幹教諭等）にインタビューを行ったところ、ミドル層を育成の対象にした校内 OJT の四つのポイントが見えてきました。次のとおりです。

---

① 　役割を認識させる

② 　目標を設定し、共有する

③ 　アクションプランを基に、「任せて見る」「任せきる」

> ④　フィードバックを絶えず行う

① 役割を認識させる

　まずは、これまで述べてきた役割認識です。学校で置かれている自分の立場を明確にする必要があります。「あなたはこの学校のミドルリーダーです」と伝えた管理職もいました。また何人かのミドル層を集めて「どんな役割が求められているか」を研修と同じようにワークショップをした学校もありました。とにかく大切なのは「学校全体で考えると自分はこんな役割が求められている」と納得させることです。

② 目標を設定し、共有する

　次に自分が納得した役割の中から、今年度取り組む目標を考えます。対象は「経験の浅い教職員の人材育成」や「グループのマネジメント」など様々です。ここで大切なのは「今どういう実態で、1年後はどうありたいのか、そのための課題は何か」を考えた上での目標設定であることと、それを育成者が共有していることです。

③ アクションプランを基に、「任せて見る」「任せきる」

　目標を設定したら、具体的にどのような行動をとるのか、アクションプランを立てて、可視化するといいでしょう。すると育成者も支援がしやすくなります。またプランを見ながら「任せて見る」ことが大切です。任せつつ、その様子は見ているのです。そして後に「任せきる」に移行していきます。ある学校では、学力向上プロジェクトの会議を校長室で行い、校長先生はミドルリーダーに任せるように仕事をしているようでいて、実は動きを見て、後ほどさりげなくフィードバックをしていました。そして半年後は、校長先生の姿は会議にありませんでした。任せきっていたのです。ミドルリーダーは任されたことがとても自信になり、より意欲を高めていました。

④ フィードバックを絶えず行う

　「ミドルを育成するには、やっぱりほめ続けていくことが大切だと1年間を通じて実感しました」とC学校の主幹教諭が語ってくれました。この主幹教諭は、受講者のアクションプランの実現を支援するために、一緒に考えて、常に「良い点」「改善点」を伝えるようにしていました。すると受講者が変容したといいます。またD学校の管理職は、メンターチームのリーダーを任せきった後でも、定期的に対話する機会を作り、

目標の確認や評価、時には耳の痛いフィードバックを行いながら支援していました。多忙な日々の中で、なかなかフィードバックの時間を生み出すのは困難な時もありますが、意図的計画的に行うことがポイントです。

　現在、そして今後教職員の大量退職・大量採用等により、「経験の浅い教職員をどう育成するか」が自治体や各学校の課題となり、人材育成におけるミドル層の育成がさらに重要となってくると予想されます。

　今回の研修で成果をあげられたのは、インターバル期間における 6 か月間の校内OJT で、管理職や主幹教諭等の支援があったからこそです。四つのポイントをぜひミドル層の育成に活用して支援していただきたいと思います。

（柳澤　尚利）

〔参考文献〕

・横浜市教育委員会 (2011)「教師力」向上の鍵：「メンターチーム」が教師を育てる，学校を変える！. 時事通信社，東京

・脇本健弘，町支大祐 (著) 中原淳 (監修) (2015) 教師の学びを科学する：データから見える若手の育成と熟達のモデル. 北大路書房，京都

・中原淳・荒木淳子・北村士朗・長岡健・橋本諭 (2006) 企業内人材育成入門：人を育てる心理・教育学の基本理論を学ぶ. ダイヤモンド社，東京

・中原淳 (2010) 職場学習論：仕事の学びを科学する. 東京大学出版会，東京

・中原淳 (2014) 研修開発入門：会社で「教える」，競争優位を「つくる」. ダイヤモンド社，東京

・中原淳・島村公俊・鈴木英智佳・関根雅泰 (2018) 研修開発入門：「研修転移」の理論と実践. ダイヤモンド社，東京

・中原淳 (2017) フィードバック入門. PHP 研究所，京都

・博報堂大学 (2014)「自分ごと」だと人は育つ：1 年間でトレーナーが考えること. 日本経済新聞出版，東京

実践編

《実践事例11》ミドルリーダーと初任期教員がともに 学ぶ研修システム―大阪府の取り組み―

・・・・・・・・・・・・ **1. 大阪府の状況** ・・・・・・・・・・・

　大阪府では、平成15年度の教員新規採用者数が小学校、中学校、高等学校、支援学校で合計1,000人を超え、さらに平成17年度には、小学校の新規採用者数だけで1,000人を超えました（**図1**。小・中学校は政令市を除く）。このような大量採用は平成29年度まで続き、それ以降は減少に転じています。大量採用時は、新規採用者をどのように育成すればよいかが課題であり、校外研修と校内研修の両輪で育成するシステム「初任者等育成プログラム」を構築しました。また、中堅教諭等資質

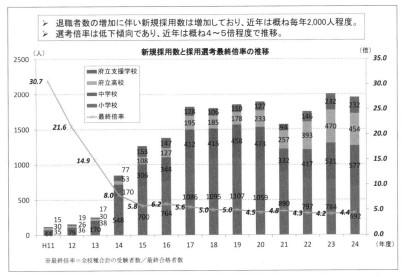

図1：教員の新規採用数の推移（大阪府）（平成24年 大阪府教育委員会調べ）

向上研修において、初任期教員に対して行う OJT を視野にいれた「組織づくり」の研修を取り入れました。ここでは、この二つについて紹介します。

・・・・・・・・ 2. 初任者等育成プログラム ・・・・・・・・

　大量採用が続き、それまでの初任者・新規採用者研修を見直さねばならなくなったため、校内外の研修において、初任者等の育成に関わる者がしっかりとサポートすることを目的として、大阪府教育委員会では、平成 26 年度に「初任者等育成プログラム」を策定し実施しました。このプログラムでは、初任者・新規採用者研修を校外研修・校内研修の両輪でとらえ、授業研究をはじめとした校内での OJT において、ミドルリーダーを核としたチーム支援の中で初任者等を育成することを重視しています。具体的には、下記の四つの基本方針に重点を置いています。

　・「授業研究」を充実させて、「学び続ける教員」を育成します。
　・「ミドルリーダー」を核にして、「初任者等が育つ学校環境」づくりを支援します。
　・「初任者校内研修シート」を活用して、初任者が育つ職場づくりをめざす学校経
　　営を支援します。
　・「自己成長・確認シート」を活用して、校内研修の充実を図ります。

　この四つの基本方針にもとづき、管理職、指導教員やミドルリーダーをはじめとする初任者等の育成支援に関わる全ての教職員が、校内研修を実施するための基本的な考え方と自校での初任者等育成に活用するための情報を分かりやすくまとめた「校内研修・活用ガイド」（図 2）を作成しました。「校内研修」が効果的に行われることを目標とし、「校内研修」のねらいや内容・方法を分かりやすく整理しています。そのほか、組織的・計画的な OJT の進め方やミドルリーダーが支援的助言者（メンター）と

図 2：「校内研修・活用ガイド」

して活躍するための基本的な知識・技能についても記載しています。「メンタリング」について は、横浜市教育委員会が当時すでに取り組んでおられた「メンターチーム」を参考にさせていただきました。この冊子は初任者が配属されている各学校に配付し、4月に初任者・新規採用者配置校の管理職や指導教員を対象に連絡会を設けて活用を図っています。

次に、「校内研修・活用ガイド」に掲載している「自己成長・確認シート」と「初任者校内研修シート」について紹介します。

（1）自己成長・確認シート

自己成長・確認シート（図3）は、初任者等が自己を振り返り、今後の目標を立てるためのシートです。初任者等は、4月、8月、2月、2年目の1月の計4回、自分自身を振り返ります。

「自己成長・確認シート」の項目は、5領域30項目になっています。当初は、初任者等へのアンケート（大阪教育大学と連携して実施）の結果をもとにして、4領域32項目で作成しました。アンケートでは「授業づくり」や「学級経営」に不安があるとの結果が明らかになっていたため、それらの項目を重視しました。しかし、その後、平成29年度に大阪府教員等育成指標が策定され、育成指標に沿って「初任期に求められる資質・能力」を改めて5領域30項目にまとめ直し、自分自身を振り返るためのツールとしています。

「自己成長・確認シート」は、それぞれの項目をレーダーチャートに記すので、自分自身の強みや弱みが視覚的に分かりやすくなっています。自分の実践を振り返り、課題を認識することで、今後の教職キャリアに向けての目標を設定することができる有効なツールとなっています。強みを生かして何ができるのか、弱みをどのように克服していくのか、自分自身を省察し、学び続ける教員への一歩を踏み出すきっかけとなることが期待できます。また、「自己成長・確認シート」の結果は、4月と2月の全受講者の平均値が比較できる資料を作成し、府立学校や市町村教育委員会に提供しています。こうすることで、校内研修や市町村教育委員会実施の研修に生かすことができます。

学校名		名前		4月	8月	月　日　作成
授業・教科の指導力	1	内容理解	教科書や学習指導要領の内容についての理解			
	2	学習指導	子どもの興味・関心を高める教材を考える力			
	3	学習指導	単元のねらいを明確にするとともに、【思考力・判断力・表現力等】を育み、子どもの実態に応じた学習指導案を作成する力			
	4	学習指導	分かりやすい授業をめざした、板書・発問・指示の仕方などの指導技術			
	5	評価	学習に対する評価方法を理解し、学習指導に生かす力			
	6	評価	授業評価シートや他の教員の授業を見て、自分の授業改善につなげる力			
集団づくりに取組む力	1	アセスメント	子どもの背景にある家庭環境や成育歴から子どもを理解する力			
	2	課題対応	支援教育に関する基礎的知識を有し、子ども一人ひとりのニーズや状況に応じて指導・支援する力			
	3	課題対応	学校の生徒指導方針に沿って、多様な子どもへ柔軟・適切に対応する力			
	4	連携・協働	保護者の思いを知り、家庭と連携・協力して子どもを支援する力			
	5	集団対応力	子どもどうしの関係や集団の状況を把握する力			
	6	つなげる力	子どもが自分の思いを出し合い、互いを理解し合う集団を形成する力			
教育への情熱	1	人権尊重	人権に関する基礎的な知識理解を有し、確かな人権感覚に基づいて子どもに関わる力			
	2	教育相談	子ども一人ひとりを尊重し、子どもと信頼関係を築く力			
	3	教育相談	誠実、公平かつ責任感をもって子どもと接する力			
	4	危機管理	学校の危機管理に必要な知識を有し、学級等を安全管理する力			
	5	学び続ける力	先輩教職員の優れた取組みに学び、自己成長を図る力			
	6	自己改善力	自分の実践を振り返り、課題を見つけて改善する力			
組織の一員としての力	1	協働性	学校教育目標達成に向けた、組織の一員としての自覚			
	2	同僚性	組織の一員としての役割を認識し、協調性や柔軟性をもってものごとに対応する力			
	3	協働性	他のクラス・学年や分掌等と連携して、自分の担当における教育活動等を円滑にすすめる力			
	4	連携	子どもの多様な教育的ニーズの実現のために連携できる関係機関についての理解			
	5	環境設定	子どもが安心して学習や生活できるように、学級・学校でのきまりを身に付けさせたり、教室環境を整えたりする力			
	6	学級経営	学級の子ども一人ひとりの特徴等を把握するとともに、PDCAサイクルを活用して学級経営等を行う力			
社会人としての基礎的素養	1	課題解決力	子どもの課題を把握し、課題解決に向けて他の教職員と相談するなどの行動力			
	2	社会性	挨拶、服装、言葉遣い、保護者に対する接し方など社会人としての常識			
	3	法令遵守	教育公務員として法令を遵守する行動			
	4	事務能力	日々の事務的な処理や文書作成について、計画的かつ正確・丁寧に処理する力			
	5	働き方	自らの業務について俯瞰的に捉え、業務の優先順位を考えて効率的に行動する力			
	6	自己管理	自らのストレスと身体の健康について自己管理する力			

4：身に付いている、3：概ね身に付いている、2：あまり身に付いていない、1：身に付いていない

図3：自己成長・確認シート

（2）初任者校内研修シート：初任期教員とミドルリーダーがともに学びあう校内研修

　校内研修を計画するための「初任者校内研修シート」を作成しています。「初任者校内研修シート」には、様式１（**図4**）と様式２があります。OJT は日常の業務遂行を通じて教職員の資質能力の向上を図るものですが、初任者等が業務を遂行する過程で様々な力を「自然に身につける」のを待つのではなく、「意図的・継続的に」育成を図っていくことが大切です。様式１は、その目的を円滑に進められるようなシートになっています。指導教員が対象教員の「自己成長・確認シート」の値を転記する箇所があり、対象教員の実態に応じた育成方針をたてられるように工夫しています。例えば、初任者等の授業を観察すると、あれもこれも多くの課題に気付き、多種多様な指摘をしたくなります。しかし、指導される教員は、一度に多くのことを指摘されても、どれから改善すべきなのか困ってしまいます。大切なことは、対象教員と指導教員等が対話をしながら、すぐに改善できそうなポイントを探り、今後の目標をたてていくことです。このような取り組みを進めていく過程は、初任者等を指導する指導教員にとっても、自分自身を振り返り、自己の課題に気付く機会にもなります。

　様式２は、所属校や初任者等の実態に合わせて、校内研修の年間計画をたてるためのシートです。各校で実施する校内研修の指導内容を、大阪府教員等育成指標の５領域に分類し、領域に偏りなく年間計画をたてられるように工夫をしています。また、研修内容は大阪府教育庁が定める共通指導項目と学校裁量項目に区分しています。学校裁量項目は、所属校や市町村教育委員会の裁量で実施内容を決めたり、初任者等の状況に応じて内容や実施時期を決めたりできるようになっています。

　「初任者等育成プログラム」は、校内において初任者等が一人で悩むことのないように、初任者等と先輩教員がともに考え、課題解決に向けて取り組んでいくシステムになっています。

初任者校内研修シート【小学校】		平成　31　年度		第　1　回提出分	市町村番号	

学校番号		学校名		立	小学校	校長名	

対象教員	名前			教科		1年目	拠点校指導教員	所属名	
	1年目学年・学級		1年目担任/担任外					職名・名前	・
	2年目学年・学級		2年目担任/担任外			2年目	校内指導教員	職名・名前	・
							指導・助言者	職名・名前	・

1 初任者育成のための校内体制等の方針（校長が4月に記入）

【初年度】

【2年目】

2 自己成長・確認シート（指導教員等が、対象教員の自己評価を『初任者・新規採用者研修の手引』(p.13～p.17)「自己成長・確認シート」から確認し、値を本シート右表に入力する

授業・教科の指導力	集団づくりに取組む力	教育への情熱	組織の一員としての力	社会人としての基礎的素養

3 1年目の記録

1）指導について

ア）各期における成果と課題（対象教員が作成した『マイポートフォリオ』（様式見本「初任者・新規採用者研修の手引p.18」参照）を参考に指導教員等が記入）

①【計画（4月記入）】	②【振り返り（8月記入）】	③【振り返り（2月記入）】
●対象教員（初任者）に対する育成方針	●成果と課題	●成果と課題
	●今後の取組み	●今後の取組み

イ）研究授業について（指導教員等が第3回提出時までに記入）

①実施日時

②学年・教科（領域）名

③単元名

④研究授業のねらい

事前指導

事後指導
※研究協議会含む

2）研修成果について（校長が第3回提出時に記入）

4 2年次の記録

1）研究授業について（指導・助言者が第4回提出時までに記入）

①実施日時

②学年・教科（領域）名

③単元名

④研究授業のねらい

事前指導

事後指導
※研究協議会含む

2）研修成果について（校長が第4回提出時に記入）

図4：初任者校内研修シート　様式1

200

・・・ 3.「組織づくり」を重視した中堅教諭等資質向上研修・・・

図5 は、令和元年度の大阪府公立学校教諭の年齢構成です。

小・中学校では、40 歳代、50 歳代が少なく、30 歳代以下が大半を占めており、30 歳代以下の教員がこれからの学校の中心となっていきます。

高等学校・支援学校でも今後 5 年後には、50 歳代が少なくなり、小・中学校と同様、30 歳代以下が学校の中心となっていきます。

経験豊富な教員が少なくなっていく状況の中では、意図的、計画的、継続的な人材育成が必要となります。特に、これからリーダーとなって学校を支えていく30 歳代以下の教員が、学校組織の一員であるという自覚と責任をしっかりと認識し、一人ひとりの資質・能力を高め、自分の持っている強みを組織の中で十分に発揮することが重要となってきます。

そこで、大阪府では、平成 27 年度より 10 年経験者研修に「メンタリング」と「チームビルディング」など、「組織づくり」の内容を取り入れました。平成 29 年度には、中堅教諭等資質向上研修として、教職経験が 5 年から 10 年までの教員に、「組織づくり」として、「ロジカルシンキング」、「メンタリング」、「チームビルディング」を取り入れた研修を実施しています。

（1）大阪府の中堅教諭等資質向上研修の概要

図5 からもわかるように、現在、大量採用時の教員が経験年数 10 年を迎えており、職場において重要な役割を担っています。1 校に複数名配属されていることが多く、研修日には複数名の教員が出張することになり、学校の負担となります。そこで、大阪府では、それまでの 10 年経験者研修での内容を中堅教諭等資質向上研修として、教職経験 5 年目から 10 年目までの教員を対象に、キャリアに応じて分けて実施することにしました。

小学校、中学校、義務教育学校においては、悉皆研修として 5 年次研修と 10 年経験者研修を実施しています。高等学校や支援学校においては、経験年数 5 年か

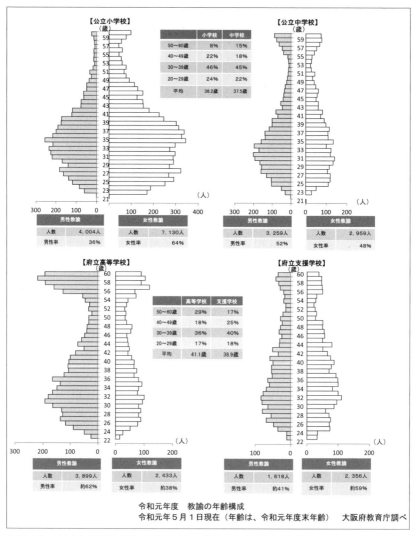

図5：小・中学校・高等学校・支援学校の教諭の年齢構成（大阪府教育庁調べ）

ら9年目の間の教員を対象に希望研修として実施しているアドバンストセミナーと、悉皆研修の10年経験者研修を実施しています。アドバンストセミナーの受講修了者は、10年経験者研修の同一内容の回が免除されます。

　中堅教諭等資質向上研修の内容は、防災教育、人権教育、支援教育、学校の危機管理など多岐にわたっていますが、10年経験者研修受講者のアンケート結果から、初任者同様に授業づくりへの困り感が高いことと、中堅教諭にはミドルリーダーとして初任期教員を支えながら学校の組織づくりに関与してほしいことから、特に「授業づくり」と「組織づくり」の研修に重点を置いて実施しています。

(2) 理論と実践を往還させるユニット型の研修

　初任者研修や中堅教諭等資質向上研修の「授業づくり」と「組織づくり」の研修については、「理論」「実践」「検証」を1ユニットとして、研修を組み立てています（図6）。職場でどのように活用したらよいかを集合研修で学ぶだけではなく、その取り組みの必要性と活用方法について得た知識を職場で実践し、実践した結果を持ち寄り検証するというユニット型の研修を実施しています。校内で実践するにあたっては、管理職の支援も必要です。管理職には、4月当初に初任者研修や中堅教諭等資質向上研修について説明する機会を設定しています。「検証」回では、成果と課題をまとめた実践レポートを持ち寄り、他の受講者と交流することで、自身の取り組みを振り返り、改善点を見いだし今後の自分の目標を確認するようにしています。

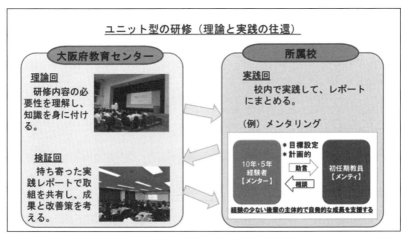

図6：ユニット型の研修の流れ

(3)「組織づくり」研修の導入過程と実態

① 「組織づくり」に取り組むきっかけとなった横浜市の取り組み

　平成20年代前半、大量退職・大量採用の中、初任期教員の育成が喫緊の課題であり、ミドルリーダーには、先輩教員としての自覚と、人材育成に積極的に関わる意識を高めるための研修が必要でした。前述の「初任者等育成プログラム」の構築にあたり、平成24年度に横浜市教育委員会を訪問しました。その後、政令市である横浜市が先進的に取り組まれ、学校での人材育成に成果を出しておられた「メンターチーム」を大阪府でいかに活用できるかを模索しながら「校内研修・活用ガイド」を作成しました。しかし、冊子を作成しただけでは、なかなか学校での活用は進みません。平成26年度当時、10年経験者研修の受講者数は1,000人弱でした。今後校内で増えていくミドルリーダーが、自分の力を十分に発揮し、学校組織の一員であるという自覚と経験年数の少ない教員の育成への関心を高めるために、横浜市の「メンターチーム」の取り組みをなんとか10年経験者研修に組み込むことはできないかと、再度、横浜市の10年経験者研修を視察させていただくことにしました。

　視察させていただいたのは、横浜市の10年経験者研修の最終回でした。大きなホールで、各校種の教員が実践を発表されていました。私たちが「さすがだ！」と思ったのは、教頭研修と兼ねられており、発表の様子を教頭が見ていたことです。他校のメンタリングのいい実践例や実際にメンタリングを実施する際のメンターの悩みや苦労を教頭が知る機会としていました。研修で学んだことを校内で実践するには、管理職の協力なくしてはできません。政令市ならではの強みを十分に生かして研修を計画・実施されていることに、感銘を受けました。

② 大阪府での「組織づくり」研修

　横浜市の指導主事の方からの言葉で印象に残っているのが「上から降ろしたのでは広まらなかったでしょう。」と言われたことです。しかし、大阪府では、すでに大量退職・大量採用が続き、初任期教員とミドルリーダーの人材育成が待ったなしの状況でした。そこで、「校内研修・活用ガイド」に掲載し、管理職等に説明するだけでなく、10年経験者研修で「メンタリング」がどういうものか伝え、実践をするという研修を、

平成27年度に実施しました。さらに、平成28年度には、「理論」回で学んだことを、職場で「実践」し、「検証」回で成果と課題を認識して、改善点を見出す「ユニット型の研修」を取り入れることにしました。

　現在、取り組みを始めて5年が経ちました。実施当初は、「忙しくてなかなか実践できない。」「チームを作れない。」など、否定的な意見が多かったのですが、今、ようやく「メンタリング」に対する理解が広まり、「メンティだけでなく、メンターである自分自身にも大きな学びがあった。」という声が増えてきています。研修を実施していても、「職場では、すでにこんな取り組みをしています。」と職場での「メンタリング」の取り組みを紹介する受講者が何名もおり、ようやく「メンタリング」についての理解が広まり、いい実践が増えてきました。そこで、各校の現状に応じた「メンタリング」の取り組みをさらに広めるために、大阪府での実践例を掲載した「メンタリング・ハンドブック」の改訂版を令和2年3月に作成しました。「メンタリング」は、初任期教員だけでなく、ミドルリーダーもともに成長することができる効果的な取り組みです。また、チームで取り組むことで、メンター自身の負担も軽くすることができます。今後、さらに広まって特色のある取り組みが増えることを期待しています。

　現在は、教職経験が5年から10年までの教員に、「組織づくり」の研修として、「ロジカルシンキング」、「メンタリング」、「チームビルディング」を実施しています。ユニット型の研修として実施しているのは、「メンタリング」と「チームビルディング」です。受講者の中には、「チームビルディング」の実践において、「メンタリング」の実践も兼ねている事例があり、職場において、研修の内容を効果的に活用しているようです。

　ユニット型の研修のポイントは、校外研修と校内での実践の接続にあります。受講者から「実践してみました。やってみてよかったです。」というフィードバックが得られるように、担当指導主事には、積極的に情報収集に努めるとともに、常に研修内容、研修方法の工夫改善に取り組むことが求められます。

・・・4. 初任期教員の減少と管理職の若年化を迎えて・・・

　図5から分かるように、今後、新規採用者と50歳代が少ない時期がしばらく続きます。ロールモデルが減少し、管理職の若年化が進む中、ミドルリーダーがモチベーション高く学び続けられるためには、何が必要なのか。次の課題に向けて、模索する日々が続いています。

（中堂　寿美代）

Column

若手の育成を支えるこれからの指導主事のあり方

　これまで、「教員は学校で育つ」とよく言われてきましたが、それは教員の育ちが徒弟制度に例えられ、教職経験年数の浅い教員は、ロールモデルとなる教員の影響を受け、授業の仕方を真似たり、仕事を徐々に任されたりする中で力量形成が図られていく、という考え方があったからです。つまり、教員の育ちは学校組織の有り様と教員個々の出会いに期待されていたのです。教員の育成について「学校現場」の重要性は疑う余地はありません。しかし、今日の教員の大量退職・大量採用、少子化による学校の小規模化等は、学校組織からその機能と機会を奪ってしまいました。学校の小規模化は教員個々の多忙化を一層進め、大量退職・大量採用による被育成者の急激な増加は、いびつな年齢構成とロールモデル不在の組織を生み出してしまいました。このように学校組織が大きく様変わりしてしまっている中でも、多くの学校では、新たな育成方法が見いだせないまま、初任者は学年で、あるいは教科部で育成、指導主事は依頼を受けて研究授業の事後に行われる研究討議会で指導・助言、指導・講評、という従来の手法が繰り返されているのが現状です。

　一方、指導する側の教育委員会においても大量退職という波は、指導主事や管理職の人材確保に大きな課題を生み出しています。自治体によっては20歳代後半で指導主事に登用されるケースも出てきています。この状況は、学校現場を指導する立場にある教育委員会内部においても「育成」という課題が深刻なものとなって来ていることを意味します。

　さて、それでは指導主事という業務の中で「教員の育成」という視点は、どのように位置付けられているのでしょうか。実際、指導主事の業務の中で、日々、「教員の育成」ということを意識する機会はどれほどあるでしょうか。また、指導主事の業務の中で人材育成に関わるものは、どの程度の割合を占めているのでしょうか。自治体により状況は異なると思いますが、教員研修を担う部署に配置されない限りは、ほぼ皆無といってもいいのではないでしょうか。たとえ、教員研修を担う部署に配置された指導

主事であっても、自身が直接的に研修を行うというよりは、むしろ研修の企画、運営が主な業務となってしまっている場合が多いでしょう。そのような場合、教育改革や社会の動きに先見性を発揮し、課題意識を持ち、学校現場のニーズ等も把握した上で効果的な研修を企画する仕事は、結果的には人材育成に関与していると言うものの、担当者個人にとれば、それは膨大な事務作業に追われる状況に終わってしまっている場合が多いのです。そんな状況にある指導主事も、数は少なくても年に何度かは、学校現場に出向き授業の指導・助言に当たるという機会に出会います。しかし、ここで危惧されることは、出来上がった結果の授業だけを参観して、事後の研究討議会で指導主事が行うことは本当に「指導・助言」と呼べるのか、ということです。授業者にとっては、それは「評価」としか受け止められません。実際、教員は研究授業の授業者になることを避けたがる傾向にあります。それは、事後の研究討議会が授業者の授業力（教科の専門性を含めた指導力）、学級経営の力等を「評価」される場と認識してしまっているからなのです。校内の他の教員からどう思われるか、周囲の目というものも大きな負担です。授業者は、事後の研究討議会に臨むに当たって「まな板の上の鯉」などと自身の状況を表現します。覚悟を決めて臨まなければならないほどに負担感のある場になってしまっているのです。ならば、それら教員の意をくんで、「評価」と捉えられないよう、当たり障りのない話と熱心な取り組みに対する謝意だけを伝えることで終わらせたとするならば、授業の改善や教員の育成につながる効果は期待できません。

今から数年前のことです。教職に就いたばかりの卒業生から1通のメールが届きました。そこには、校内研修で研究授業をしたこと、研究討議会で先生方や外部講師からとても厳しい指摘を受けて泣いたこと等がつづられており、最後は「もう二度と研究授業はしたくありません。」という言葉で締めくくられていました。「いや、皆そんな経験をくぐり抜けて成長してきたんだ。」とおっしゃる方もおられるかも知れませんが、長い教職生活のスタートに立ったばかりの者に、そのような思いを抱かせる校内研修とは一体何なのだろう、と私は思ってしまいました。文部科学省の調査で、2018年度採用の公立学校教員の1年以内の依願退職者数は全国で431人に上っています。採用される世代の仕事に対する意識の変化も少なからずあると考える必要があるで

しょう。教員の育成に関して、指導主事として一体何ができるのか、学校、教員に対してどのように関われば効果的に教員の育成を支えることができるのか、もう一度、「教員は学校で育つ」の原点に立ち戻り、考えてみる必要があるのではないでしょうか。そこで、私が考えてきたことを3点にまとめてお話ししたいと思います。

① judging から coaching へ

　研究授業の事後に行われる研究討議会での「指導・助言」、「指導・講評」は結果に対するもので、それは授業者にとっては judge されたにすぎません。「こうすれば良かったですね。」、「ここは、○○が重要で…」と言葉を尽くし指導・助言に努めたところで、所詮それは過去形の終わってしまったことです。文字どおり「指導・助言」を行うなら、授業をどう作ろうか教員が思い悩んでいる段階での coaching が重要です。教員と考え、悩み、汗をかくという過程を共有することが大切です。

② after から before へ

　judging から coaching に転換するためには、支援のタイミングを移す必要があります。出来上がった結果に対しては judging になってしまいますから、生み出す過程で支援することです。それが coaching です。支援する段階を研究授業の後ろから前に、after から before に移すことです。教員や学校をサポートし、授業者や全教員に教材研究の奥深さ、授業づくりの楽しさや難しさを味わわせ、いかに成功体験に導くかは指導主事の力量にかかっているのです。教員や学校だけでなく、その責任を指導主事も担うというスタンスが重要です。自ずと指導主事も自己研鑽に励む必要が出てきます。

③ formal から informal へ

　校内研修といえば、学校の年間行事計画に位置付け、時には児童生徒を早めに下校させてまで時間確保を行うのが通常なのではないでしょうか。しかし、多忙な学校現場に更に働き方改革という方向性が示される中、教員個々の出張や他の学校行事の日程を勘案すると、その日程調整や時間確保は極めて困難なものになって来て

います。加えて、本来、日常レベルで捉えられるべき授業改善という営みが、その日だけのどこかイベント主義的なものに形骸化されてしまっているところがあります。指導主事は、声をかけ集まることができる者だけで授業について意見交換する、模擬授業をやってみる等、informal な気軽で敷居の低い研修ができる機会を設けるなどの工夫を積極的に提案していくことが重要です。小学校では、学年を超え複数のメンター・チームを構成し、そのチームごとに互いに授業を参観し合ったり、不定期に授業研究に取り組んだりしている例があります。また、中学校では「小さな研究授業」と銘打って、教科・学年を超えた教員の小集団をつくり、グループごとに研究授業に取り組んでいる例もあります。このような場合は、学期末1回程度の校内研修全体会を行事予定に組み込み、成果の共有が図られています。

　私が教育委員会にいた頃、学校現場に支援に出かけていた指導主事が戻ってくると、「今日の研究授業はなかなか良かったです。」や「今日の研究討議会は、活発な討議になって良かったです。」という報告をよくしてくれました。そんな時、私は決まっていつも同じように「そう、それは良かった。それで、学校はどう変わった？」と聞いたものです。その意図は、1時間の授業、1時間半の研究討議、その1回1回の作品づくりが重要なのではなく、「学校」では、皆で授業改善に取り組んでいこう、皆で助け合い支え合って教育活動をよりよいものにしていこう、という気運は高まってきているのかということなのです。校内研修をイベントから日常へと移行させ、支援の対象を教員個人から教員が育つ学校組織へと移行させていくことが重要です。職員室での教員同士の会話が、単なる世間話から児童生徒の様子へ、そして授業づくりや授業の結果などについての交流に変わり、結果として個々の教員の力量形成に寄与するものになっていかなければなりません。そのような組織の中でこそ、初任者や若手教員の成長も期待できるのです。冒頭申し上げたとおり、今、学校組織は極めて厳しい状況にあります。指導主事は、教員が属する学校組織の有り様に目を向け、従来の手法にとらわれることなく、教員が互いの成長を支え合い、高め合える組織となるよう、積極的に関与していくことが求められているのではないでしょうか。

（新坊　昌弘）

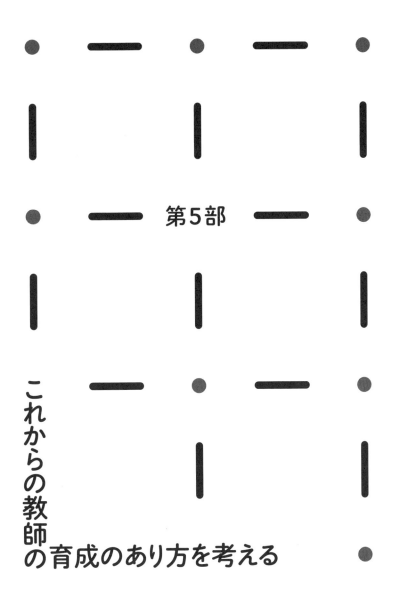

第5部

これからの教師の育成のあり方を考える

座談会

これからの教師の育成のあり方を考える

立教大学経営学部教授 ……………………………………… 中原淳

関西外国語大学英語キャリア学部教授 ………………… 新坊昌弘

大阪府教育センター教育企画部企画室室長 ………… 中堂寿美代

横浜市教育委員会事務局教職員人事部教職員育成課

　主任指導主事……………………………………………柳澤尚利

横浜国立大学教育学研究科高度教職実践専攻准教授…脇本健弘

帝京大学大学院教職研究科専任講師……………………町支大祐

（肩書は座談会当時のもの）

　脇本　それでは「これからの教師の育成のあり方を考える」というテーマで、座談会を開催したいと思います。

・・・・・・・・・・・・・ 学校の変化 ・・・・・・・・・・・・・

長時間労働是正と雇用形態

　脇本　最初に、皆様方が今の学校をどのように捉えていらっしゃるのか、共有できればと思います。

　中原　今、学校が直面している課題の一つに、長時間労働是正をしながら人材育成を行っていくという極めて難しい課題があります。2011年に横浜市で立ちあがっていたメンターチームを調査研究していたときとは、全然違うやり方をしていかないと難

212

しいんじゃないかなと思いますね。あとは、たぶん非正規と正規とかいろんな雇用形態があることも難しそうですね。

　柳澤　横浜市では今ミドル層が大分増えてきています。育休・産休の方も増えてきました。多くの臨時的任用職員（臨任）や非常勤講師の方たちと一緒に働くようになっています。さらに今までなかったこととして、職員室アシスタントやICT支援員の方々と一緒に働くなど、学校に関わる人が増え、だんだんと変わってきています。

　中原　臨任、非常勤、育児休暇明けの人、持病のある人、困難を抱える人、いろんな立場や事情のある人がたくさん増えていくということは、要は組織の中にどんどん多様性が増えていくことなんですよね。組織の中には遠心力が外側に、ばらばらになる力が働いているので、じゃあ、どう求心力を持ちながら組織をまとめていくのかというマネジメント能力が、すごく問われるようになってくると思います。要するに、これからの学校の人材育成課題は、管理職育成や管理職のマネジメント能力の強化になるということです。

　あと、もう一つ、上が下を育てるというモデルだけでは、新しい課題に対処できなくなると思います。例えばGIGAスクールとかPCのスキルなどは世代の上下で逆転しているところがあるでしょう。そういう意味では、これからの人材育成は「学校の先生方がともに学ぶモデル」に変わっていくと思います。外側から見たら学校はそんな感じです。内側からはどうですか。

学校規模の縮小化と人材育成

　新坊　学校を内側から見ると、社会の急激な変化に対応が追い付いていない状態が見受けられます。例えば教員の育成について見てみると、横浜市と大阪府の周辺の衛星都市を比べると状況は少し違うかもしれませんが、少子化の中で、個々の学校の規模が縮小化していきますよね。

　私たちが初任者の頃は、「何年生ですよ」ということで配置されたら、同学年の先生方がよく面倒を見てくださいました。つまり、学年という集団が、初任者を受け入れて育てる一つの組織であったと思います。そこに、メンターとメンティという言葉は使わないけれども、そのような関係が学年集団の中にあったわけです。しかし、いま起こっ

中原　淳氏　立教大学経営学部教授、大学院経営学研究科リーダーシップ開発コース
　　　　　　　主査（兼）リーダーシップ研究所副所長（兼）

企業の人材開発の研究者。平成23年から25年まで、学校の中での人材育成の仕組み
について横浜市教育委員会と調査研究し、その後、長時間労働是正の問題についても調
査研究している。

新坊　昌弘氏　関西外国語大学英語キャリア学部教授

小学校の学校現場からスタートし、市の教育委員会、府の教育委員会と、行政に20年近
く在籍した。そのあと大阪教育大学教職教育研究センターに3年、そして、現職に就いて
6年になる。教育委員会当時は、学力向上や授業改善研修を担当していた。

中堂　寿美代氏　大阪府教育センター教育企画部企画室室長、首席指導主事（当時）

中学校教員を経て大阪府教育センターへ。企画室では、0歳児から高校卒業までの子ど
もたちの教育に携わっている先生方の法定研修・準法定研修や教育センター事業の企
画・調整、所内および外部機関との連絡調整を行っている。現在は、枚方市立川越小学
校校長。

柳澤　尚利氏　横浜市教育委員会事務局教職員人事部教職員育成課主任指導主事、
　　　　　　　横浜国立大学教職大学院客員教授（兼）

小学校教員を18年経験したあと企業派遣で富士ゼロックス株式会社へ。そこで人材育
成や組織開発を学ぶ。現職ではキャリアステージに応じて法定研修から選択研修等を主
に担当している。現在は、「教職員のためのICT活用指導力向上のための研修」「よこは
ま教師塾アイ・カレッジ」「持続可能な働き方研修」等を担当する。

脇本　健弘氏　横浜国立大学教育学研究科高度教職実践専攻准教授

学校現場に貢献できる研究をモットーに、教師の成長と支援に関する研究をしている。管
理職の育成、教師のメンタリングやミドルリーダーの研修に関する研究・実践に重点を置
き、調査や支援ツール、教材の開発などを行っている。

町支　大祐氏　帝京大学大学院教職研究科専任講師

キャリアの始まりは横浜市の中学校教員。その後研究の世界に入り、教師の学びやそれを
支える学校組織について研究する。現職に着任してからは、教員養成に直接関わる。

ていることを言うならば、各学年が小規模化してきて、2クラスもしくは単学級の学年
という学校が増えてきています。学校は初任者の育成について他の手法を持たない
まま、今までと同じように、学年に配置して、学年で、あるいは、せいぜい低・中・高
ブロックで育成をする、ということが繰り返されていると思います。

中原　なかなか厳しいですね。

新坊　厳しいですね。そんな中で、ある校長先生は、初任の教員をある学年に配
置して「面倒見てね」というときに、育成ができない学年集団、例えば初任者と3年
目のペアになってしまうとかいう状況があるわけですから、毎年校内人事の際に「今
年はこの学年は大丈夫だろうか」と薄氷を踏む思いで行います、ということをおっ
しゃっていました。

中原　基本的に、リーダーを育てるのはリーダーじゃないですか。育成というのは、
基本的には上の世代が下の世代を育てることが根本原理だと思うんですけど、要す
るにそれが機能しない。

大量退職、大量採用とメンターチーム

新坊　そうですね。教員の年齢構成についても、高度経済成長時に大都市では
一気に周辺から人口が流入して、そのときに教員を大量採用した。それが尾を引いて
いて、今度は少子化の中で、教員の年齢が上の世代に固まり、新規の採用が途絶え
てしまった、次に大量退職が始まった。そして、また大量に
採用しないといけないという状態で、年齢構成のバランス
をとるのが難しいということですね。

中堂　現在は、特に小学校で40歳代、50歳代の教員
が少なく、30歳代以下の教員が大半を占める状況になっ
ています。それに併せて、管理職の若年化が進んでおり、
リーダーを育てるのが困難な状況になってきていると、日々
感じているところです。今から十数年前にピークを迎えた
大量採用時の教員が、現在ミドルリーダーの立場となって
きているので、その教員たちの育成が、現在の課題となっ

新坊昌弘氏

ているところです。

　柳澤　人材育成については、横浜市は10年前くらい
から大量退職、大量採用が始まり、経験の浅い教員がど
んどん増え、小学校では学年主任を5、6年目で担当する
という状況がありました。その中で生まれたのが「メンター
チーム」です。それがどんどん広がっていき、今では
92.3%の学校がメンターチームで組織的に人材育成に進
めている環境になってきました。様々な環境の中で、各学
校が工夫して人材育成に取り組んでいます。

柳澤尚利氏

　いま現在、大量採用した経験の浅い教員たちがミドル層
になってきたので、状況は大阪と同じです。さらに人材育成の難度が上がってきたと
思うのは、「働き方改革」との関わりです。学校では、育てる先輩が多忙です。管理
職にとっては、教員に早く帰ってもらわないといけない。でも経験の浅い教員はまだ
残って指導してもらいたい。先輩もジレンマを感じていて、もっと育てたいけれど時間
がない。じゃあどうするのか。あとは、「子どものために」という教員自身を支えてきた
マインドについても、働き方改革によって、ジレンマを抱えている方もいます。

　こうした中で、もっと若手を育てたいけれど忙しい先輩と、もっともっと教えてもらい
たい後輩という関係の中で、学校の人材育成の難度が上がってきているのは、ひしひ
しと感じています。

　町支　そうですね、5年前に横浜市との共同研究で教師の学びについて考えたと
きに予想していたのは、キャリアが早回しになるだろうということです。ミドルになる時
期がどんどん早まってくるだろうなと思っていました。実際ここ数年見ていると、やはり
早回しになっている。

　それとともに、大量採用の世代の中にもたくさん層があるわけで、ミドル的な役割を
する人とそうではない人に分かれてくるだろうと。そうすると、何か主担当を任せると
か、そういうきっかけを与えたりして、そのキャリアが変わっていくことの後押しをした
いんだけれども、働き方改革のことがあって、そもそもそういう新たな役割を任されるこ
と自体を前向きに受け止めない人も増えていると思うんですよね。「新しい仕事はした

くないです」みたいな空気もある中で、人材育成をどのように工夫していったらいいのかなというのは、これからの大事なポイントだと思っています。

・・・・・・・・・・・・・若手教師の現状 ・・・・・・・・・・・・

多様な若手教師

脇本　お話を聞いていて、学校が大変厳しい状況に置かれていることがよく分かりました。次に、このような状況の中で、若手の教員の今について、皆様が考えていることを共有できればと思います。

町支　5年10年くらい前だと、学校に初任者が一人入ってきたとき、自分もそうでしたけど、5年から10年くらい経験した、ちょっとお兄さんの先輩がいて、すごく一人前に見えて、あの人みたいになりたいとか、そこに適応していく感じがあったと思うんです。でも、いま見ていて思うのが、若い人たちの既存の教員に対する「これでいいのか」という感覚がすごく高まっている気がしています。単純に適応していくというより、「こういう先生になりたい」というロールモデルをなかなか見つけづらい若手が増えてきているような気がしています。

中堂　若手だけではなく、教職経験年数10年を超えるミドル層の教員たちも、その上の世代の教員が少ないために、ロールモデルが見つけられない感じですね。

町支　そうですね。これまでのように、熱心に時間をいっぱい使って、丁寧に子どもと向き合うという価値観ではない、そして、この変化の中で子育てを迎えているミドルたちが、どういう人たちをロールモデルにしていくのか。なかなか難しいですね。こうした状況を踏まえると、大学で教員を育てる立場の人も、教員志望の学生がいろんな考え方を持っていることを前提に養成をしないと、これまでの

町支大祐氏

教員の再生産のような養成では難しいのかなと。自分はそういう先生になりたいわけじゃないんだけどな、と思っている若手はいっぱいいるんじゃないかなって思うんですけど、どうですかね。1、2年目くらいで辞めてしまう教員が増加している状況を考えると、大学にいる間の教育にも工夫が必要なのかなと思います。既存の価値観とは違う初任者や若手がいたときに、そういった教員が辞めるのは、もしかしたら自分はこの職業に合っていないことに気付くタイミングとも言えるかもしれない。けれど、一方で、そういう新しい価値感を持った人たちが、これからの学校を作っていくことも新しい可能性だと思うんですよね。そうすると、ある程度違う価値観とも渡り合っていきながら、うまく協働しながらキャリアを歩んでいける力もこれからの教員には必要かなと思います。じゃあそれが具体的に何かというとすごく難しいんですけどね。キーワードで言えば、「レジリエンス」とか「しなやかさ」とか、そういうことです。

新坊　一方で、社会への適応力という問題も別にあると思うんですよ。それから、最近の教育実習生を見ていて感じることは、それは情報化社会だからなのか、それともグローバル化が進む中で、様々な経験値が我々の若い頃よりもすでに豊富だからなのか分かりませんが、まだ現実の社会に出て経験していないのに、特定の価値観で教師像や授業のあり方というのを自分の中でつくり上げてしまっている学生が多いということです。例えば、教育実習が終わったあとの報告会や研究会を開くと、「指導教官と意見が合わなかった」とか、「自分がやりたい授業をさせてもらえなかった」という話が出てきたりします。

　教職というのは徒弟制度的な面があり、経験豊富な人からいろんな知識を学んだり、技術を学んだりしながら成長していくということが、以前から言われていましたが、そういうことを受け入れる前に、すでに扉を閉ざすというか、合わないと思ってしまっている学生も最近は見受けられるようになってきました。

　私などは、どちらかというと真っ白な状態でまず学んでこい、ということを指導したいわけですよ。まず、現実を学んできてほしい。現実を見て全ては、そこからスタートする、と思っていますから。

中原　企業でもそれは本当によく起こっていて、「私のやりたい仕事はこれじゃなかった」ということを若手からぽんっと言われて管理職はむかついた、みたいなことも

3万6千回くらい聞きました。まっさらで組織に来いということ自体が難しい。もうカラフルに染まっているんです。若手は娑婆世界を写像している、イメージの中でこんな職業だろう、こんな働き方だろうみたいなものがあるんですよ。組織の中に入ってきたときに、それをどうやって補正していくか、組織にとって一番大事な方向に持っていくというのは、「人材育成の力」なんです。でも、それが弱まっているので、「私は自分の好きな仕事ができないから辞めます」みたいなことを会社に入って1か月で言い始めるとか。白紙では来ないので、逆に言うと、「育成の力」が強くないと、きっと辞めてしまう。

職業選択の意識

中原　一方で、若手の側には辞めてもいいという考え方もあると思うんですよね。企業でいうと、新入社員で、4月1日に転職サイトに登録する数が前年比の10倍以上だそうです。要は終身雇用、長期雇用を一方で望みつつも、合わなければ辞めてもいいやと、4月1日から思う人たちがぐーんと増えているんですね。転職数自体はあまり変わっていないんですけど、転職潜在群、潜在的に転職をしたいとか、転職してもいいやと思う人は、すごく増えている。たぶん教員もそんな感じなんじゃないかなと僕は思う。

新坊　そうなんですね。僕らの頃は、教員を目指して大学で勉強するという、その目標があったわけですよ。しかし、今の学生たちを見ていると、多様な選択肢の中の一つが教員と考える学生たちもいます。ですから、僕らの頃とは考え方が違っているのかなということを感じるときはありますね、最近。

柳澤　そういったところが町支さんの話につながってくるのですね。初任者の仕事意識というものを前提にしないといけないということですよね。

新坊　教職という仕事を、そういう見方、意識で捉えていると、こちらが考えなければいけないという部分が今はあるということなんでしょうね。

中原　教職も、たくさんある選択肢の一つだと僕は思いますよ。この間、英語がすごくうまい4年生に「先生になるか商社に行くか、どっちがいいと思う」と聞かれて、全然違う仕事だけど、その問いが面白いなと思いました。

柳澤 そうなんですね。この二つが比べられるんですね。

中原 給与で考えたら絶対商社の方が高いじゃないですか。しかも顧客が選べるんですよ。教師は顧客を選べないでしょう。でもその学生は、子どもに興味があって先生になりたいと思っていたんだけど、企業にもいっぱいエントリーしているので。だから選択肢の一つに行ってたまたま内定もらっちゃいました。そしたらなんかぐらぐら揺らぐわけですよ。中学校の先生になろうと思っていたんだけど、さて、どうする?

柳澤 小学校と中学校、どっちにしようかという悩みは聞いたことはあるんですけど、そうなってくると、先ほどおっしゃっていた価値観の違う若手教員ということもしっかり踏まえた上で初任者を見ていかないと。

中堂 教員になりたいと思っている人は、子どもが大好きで、子どもとともに過ごし、子どもの成長を支援し見守りたいと思っている人が多いと私は思っているのですけど。

中原 看護師さんだと、10年くらい前にそれが起こっていて、患者が嫌いという人が入ってくる。つまりOLを辞めて、看護師の勉強をして看護師になる。看護師は給与が高いし待遇もそこそこいいし、食いっぱぐれない。OLだと、ちょっと不安定だと。そんなときに、患者が嫌いとか、患者さんとあまりうまくコミュニケーション取れないんだけど、でも雇用条件は、こっちの方がいいから、こっちと言う人が増えたというのを、看護師の方からよく聞いていました。前提が異なっているわけですよ。育成側の前提だと、看護師なんだから医療に携わって患者を助けるのが当たり前と思っているんだけど、それがずれて入ってくる。

柳澤 私も今まで、「子どもが好きで教師になりたくてなった」というのを前提に、初任者と関わってきたので。

中原 びっくりするくらい「手前」から始めないとだめなのかもしれない。

教員採用試験と育成

中堂 教員採用の倍率の影響もあるのでしょうか。

中原 教員採用の倍率が下がるということは、選抜は機能していないということですよね。今は3倍切っていますか?

新坊 都道府県によって全然状況が違うんですよね。大阪府では一時より倍率は

上がってきています。小学校で今4倍を超えているくらいです。今から数年前の大量採用のピーク時は、3倍を切ってしまっていた時期がありました。

　一方、九州、四国、東北、北海道などでは、今、倍率が2倍を切っている道県も出てきていますよね。そうすると、どう人材を確保するのかという大きな問題が出ています。優秀な人材確保のために倍率はやはり上げたいのに、難しい悩ましい問題ですよね。

　中原　そうすると、学校も一概に皆同じようなピラミッドじゃなくなってきている。それぞれの学校が、個別に、地域に個別性があるってことになっていくと、結局、個別ごとに教員の育成プランを立てなきゃならなくなっちゃう。

　新坊　正におっしゃるとおりだと思うんですね。その土地その土地、その地域社会の中での学校組織や教員の意識とか、その違いに応じて手法は変えざるを得ないと思います。

　中原　それが人材、人事の個別管理という言葉になっちゃいますけども。ただ、逆に言うと、マネジメントコストも高まるし、教育委員会も考えないといけない。知恵が必要になりますよね。教育委員会に主体性やノウハウがないところがたぶん底が抜けちゃうということになりやすい、そうならないようにしていかなければならないということですよね。

　横浜市さんと一緒に、メンターチームの調査研究をやらせていただきました。でも、このやり方が完全に他の地域でもあてはまるとも思えないんです。この地、ここで生み出されたやり方で、ここだったから何とかいくけれども、それをそのままコピペして他の地域でやったらうまくいくかというと、うまくいかないと思う。だから、その市、その場所ごとに、人材開発の知恵とかが必要になるのかなと思います。

·············人材育成の現状·············

学校の人材育成の仕組み

脇本　今、育成のお話が出てきましたが、このような状況下にある中で、今後学校の人材育成はどのように行っていけばよいのでしょうか。すでにいろいろなお話が出ていますが、学校の人材育成の現状についてさらに共有できればと思います。

新坊　学校現場に研修でお伺いするときに、課題がたくさんある中で、人材育成のような内側の課題にどれくらい意識が向いているのか心配しています。学校は、学力向上や教育の新たな課題にどう対応していくのかなどの様々な外向けの課題への対応に追われている状況にあります。

中原　おっしゃるとおりだと思います。校長を経営者という視点で見ると、本来は、後任、つまり自分の後継者を育てるのは自分の仕事だと思います。でも、校長先生に後継者と言われてもピンとこないと思うんですよ。そもそも3年の異動頻度がおかしいです。下手すれば2年、1年で代わってしまうのに、自分の学校をどうやって次の世代に継承するというのでしょう。中途はんぱな期間では腰をおちつけてマネジメントできないのではないかと思います。

新坊　教員自身も、学校という組織に対して同様のことが言えるのではないかと思います。民間企業の場合、日本では一応終身雇用が今までイメージとしてありますから、その企業という組織の中でどういう役割を自分は担うのか、どういうポジションにつきたいのかという、キャリアの見通しを持つのかもしれません。しかし教員が学校組織に入ったときに、学校という組織に対する帰属意識は極めて薄いのではないかと思います。何年かたったらまた別の学校の集団に属すことになるので。教職のキャリア全体を見通したイメージを持たざるを得ない。組織に対するそういう自分自身の位置づけを感じ取りにくいところはありますよね。

中原　そうすると、組織に対してコミットメントしているのではなく、仕事に対してコミットメントしているってことですよね。

新坊　そういうことになるのでしょうか。

中原　いずれにしても、組織に対してコミットしていないのだったら、組織の中で人を育てる行動は取らないんでしょうね。たぶん忙しくなるから。

新坊　なかなか難しいですね。今、教員は何年で異動ですかね。初任者は6年くらいで異動でしょうか。ですから、あと何年したら異動だという意識があると思いますね。教職経験年数が多くても、新しい組織にあとから異動してきたら、やはりその組織に遠慮があるでしょうしね。

校長の任期と学校の世代継承

中原　くどいようですが、外から見ていて一番不思議なのは、学校の経営者である校長の任期ですよね。だって組織を変えるときに、1年目、様子を見るでしょ。2年目、近くの人に話しかけてみて、3年目あたりからぐっと変えて、4年目で仕組みにして、5年目で手離れじゃないですか。

そうなのに、現状では変えられるわけないですよ。もしも何もしない校長先生がいるなら、「何もしない」ことが校長にとって合理的になっていますよ。その任期では無理だと思う。かえって人に迷惑かけちゃう。ひっかき回して、ひっくり返して、でもいなくなるんですよね。だから、校長先生は

中原淳氏

そもそも経営者なのか、ここが分からないですけど、ちょっとそれだと組織を責任もって運営するのは難しいんじゃないかなとは思います。

ちなみに校長の任期は、何か法令で決まっているんですか。

新坊　各都道府県によって方針はあると思いますが、法令等での規定はありません。

中原　それだけの問題ですか。僕は、法令で縛られているのかと思っていた。

新坊　各都道府県や設置者である市町村によって違うと思います。

中原　例えば、金融の業界だと、人はどんどん動かさなければならない。そこが法令とか条例で縛られている。でも、学校にはそういうのがないのなら、そこから見直す

ことができるはず。今までの慣例は分かるけど、その慣例一つ一つを見直していかないと、きっとうまくいかないんじゃないかと思う。そのくらいの変化が必要かなと。

新坊　それは、ひしひしと感じるところがありますね。校長先生がおられて、3年、4年の間に、一つの学校で取り組みを進めて、どんどん学校が変わっていきます。その取り組みが進んでいくわけですが、ところが多くの場合、管理職や教員の異動があると、その取り組みがそこで終わってしまいます。そしてまたリセットされて、じゃあ次は何に取り組もうか、となってしまいます。蓄積されていかないのですね。そういう場合が多く見受けられます。ですから、いろいろなことに取り組んでも、小学校の場合は、だいたい3年、4年のサイクルでころころ変わっていく場合が多いですね。また、小学校では3年を一区切りとして、いろいろ取り組みを変えていくみたいな、そういう文化があったりもします。場面転換みたいな話なんですよね。そういうことが起こっているのが、学校という組織の一つの特徴になってしまっているところがありますね。

中原　学校で世代継承をいかに進めるのかという問題に僕には見えるんだけど、世代継承がしにくい構造があるなと思う。外側から見ていると、今の学校組織はものすごく難しく見えるということを自覚したほうがいい。

例えば、病院はほとんど正規の職員でやっていますよね。一方学校の場合は、先ほども出た雇用形態の話。正規もいて非正規もいる。扱わなければならないのが子どもと保護者ですね。そして、着任したその日から、ある意味成果を出すことが求められるわけじゃないですか。だから学校の今の状況というのは、極めて育成が難しい組織なんだと僕は思うわけですよ。

かつてはそうではなかったかもしれないけど、今はそうなってきている。だから日本の組織の中で最も力を入れたほうがいいのではないかと、外側からは見えます。もっとお金をかけたほうがいいと思うし、人も増やしたほうがいいと思う。じゃないと底抜けしちゃうんじゃないかと思います。

・・・・・・・・・これからの人材育成のあり方・・・・・・・・・

人材育成の実態

脇本 お話を聞いていると、様々な課題があることがよく分かります。このような中、これからどのような人材育成に取り組んでいくべきか、議論できればと思います。

中原 人材育成のことを考えるときに、一番懸念するのは長時間労働のこともあって、どんどん人が来なくなるということだと思うんですよね。人が来ないと臨任をあてたりします。そこには育成機能もないので、どんどん離職が増える。そうするとまた人が来なくなる。どんどん暗黒面に落ちていく。これが予想される一番つらいシナリオかなと思っています。こういうことをいかに防ぐかというのが大事だと思うんです。根本的にはやれることが少なくて、今の学校組織では、例えばメンターチームを作るのは、学年ではなく、違うところで人を育てる仕組みを作っているということだと思うんですよ。そういうのを組織内におくのか、あるいは、教員養成の教育機関の領域に移行していくか。つまり、組織外で行うのか。今そういうところはほとんどないと思います。初任者研修も、短いですよね。

中堂 大阪では2年間です。

柳澤 横浜では、初任者研修は3年間です。

中原 いずれにしても、教員養成機関のあり方を変えるしかないと思う。ドラスティックに人を育てる仕組みを全部変えていかなければならない。かつては、ある意味幸せな時代で、皆が正規で長期雇用されていて、人がたくさんいて、組織のサイズがすごく大きかったので、ぽんって現場に投げ込めば、そこそこ人は育ったのでしょう。だけど、もうその基盤はないのではないかと思います。教員の人材育成の仕組みをゼロベースで見直す必要があるのではないでしょうか。そうでないと、ちょっと厳しいのではないかなと思う。

柳澤 横浜市教育委員会では、人材育成指標を見直していますが、そのときに思ったのは、初任者は、4月1日からすでに教師としての非常に高度な資質・能力が

求められるということです。教員の人材育成の中で1年目というのは、非常に鍵を握っていると思っています。私の1年目を振り返ってもそう思います。

中堂 1年目に、周りの先生方からどう支援をしてもらうかですね。しかし、採用されるまでに身に付けてほしい社会人としてのマナーや資質・能力は、各教員養成機関等にお願いしたいところですね。とはいえ、初任者の間に周りから支えてもらうことが、育成の大きな鍵ですね。

柳澤 中原先生がさっきおっしゃった課題は二つで、一つはメンターチームのような、学年とは違った人材育成の仕組みを学校内部に作っていくこと。これは横浜市がやっていることだと思いました。もう一つは教員養成の点で、学校がどんどん多様化していく中で、その中でもいろいろな方たちとチームを作って仕事を進めていかないといけない。そういったことは、私は大学ではあまり教えてもらわなかったところかなと思います。今、チームでの対応がより求められるようになってきていて、初任者の方が組織に慣れていくというか、組織で対応できていくというか、そういうことがすごく難しくなってきているのかなというのは感じています。

中原 そうですよね。組織で動く、チームで動くというのは、すごく必要になるんでしょう。教員養成の大学で、チームでの課題解決ってやっているの？

脇本 少ないかと思います。

中原 例えば、30人の子どもを対象に、1時間のワークショップをみんなで作ってください、以上みたいな。これは要するに、カリキュラムを作らなきゃならない。しかもチームで話し合わなきゃいけないという経験を、前倒ししている。本来必要になる経験を前倒していくのが一つの方向で、そういうのをやっていくべきなんじゃないかなって。保護者の対応も事前にそのリスクくらいは学んでおくべきなんです。改めて言うけど、とにかく学校って難しいんだ、外側から見たら。なぜかというと、まず僕らから言えば、企業は、B to BとB to Cに分ける。B to Bの企業というのは、例えばデンソーさんだったら、トヨタのここの人と話せばいいから皆両方とも、そこそこ頭のいい人たちで話すような世界。学校はB to Cなんですよ、僕らの世界からすると。つまり、カスタマーは外側にいるわけ、会社の人じゃない。しかも一番の難しさは、顧客を選べないこと。いろんな人がいるでしょう、保護者も。だから必要になる知識やスキル、マインドセットは

事前にもっていなくてはならないんです。

　今まである意味奇跡的に、うまくいっていたのかもしれないけれども、これから普通の学校が置かれている立場がだんだん変わっていったときに、それがうまく奏功するかというと僕はかなり厳しいなと思います。今のままだと。

　だから教員養成の教育内容や、教育委員会でやっておられるような取り組み、学校の中の仕組みを変えていかないと危ないんじゃないかなと思うけど。

　柳澤　先ほどキーワードの一つで「多様」という言葉がありましたが、学校はさらに、これから地域もそうですし、保護者、子どもによっても全く異なる、多様な学校がさらに増えると思います。そして、経験年数によってもいろいろな組織の多様性があり、だからこそ人材育成もどんどん難しくなっているし、そこに対応していかないといけないと思いました。

　中原　それこそいろんな親も増えていく。外国籍の子も増えていくだろうから、そういうことにも、対応しないといけない。

　脇本　同僚性という言葉はありますけど、チームで対応することにあまり慣れていないんですよね、きっと。小学校では、最後は学級担任が責任を取る。中学校にも、最後は担任が責任を取ると考える文化があります。そのため、いろいろなことが、組織ではなく個人評価になりがちです。小学校の場合だと、自分の学級をいかにつくるか。これはある意味、余裕があった時代はそれでもよかったのかもしれませんが、今の状況で、1年目にいきなり担任を持つのは、しんどいことだと思います。このような形で、組織という観点はあまりなくて、大学の教員養成から、そういう傾向にあります。

脇本健弘氏

　柳澤　自分が初任者だった頃を思い浮かべると、子どもたちを目の前にすると、この子たちを責任をもって育てなきゃという、全ての責任を抱えて1年間過ごすという感じでした。その中で、自分がやったことが全てブーメランのように返ってくるところは、喜べるところでもあり、苦しいところでもあります。そのような中で、うまくいっていない

と、どんどん苦しくなってしまうというのはあります。

　さっき言った1年目というのは、4月1日からもう先生ですから。初任者が置かれた
そういった状況は、すごく厳しいですね。

　中原　保護者から見ても先生ですものね。前倒ししていくしかないんじゃないか
なって気もする。

初任者の人材育成

　脇本　このような状況の中で、初任者に対してどのような支援が考えられるでしょう
か。

　中堂　授業をするにあたってこういうところの視点が大
事だよということは、どの都道府県も持っておられると思い
ます。大阪府でも、初任者にそれを示して、初任者は自分
でもチェックしながら、指導教員と一緒に「ここはこうだった
よね」と振り返ることで、その初任者を育成するとともに、
指導教員も自分自身を振り返る機会となるシステムを作っ
ています。日々のOJTですよね、日々のOJTの中で指導教
員が初任者と向き合って授業づくりだけじゃなく、学級づく
りやいろんなことを、「あなたの困っていることはなんなの？」
と相談しながら、年間の校内研修を進めていく。

中堂寿美代氏

　つまり、校内研修と校外研修、この両輪で初任者を育成することが大切だと思って
います。

　柳澤　「教える」－「教えられる」ではなくて、先輩も初任者も一緒になって考え、
一緒になって成長していくということが今すごく求められていると思います。校内には、
仕組みとしての校内研修というのもあれば、インフォーマルなメンターチームもあります。
そして日々のOJTです。その中で初任者は担当の教員について、一緒に学んでいく。
あとは研修との連動で育つ。そんなふうに育っていくのかなと思います。そして仕組み
に加えて一番大事なのは、先輩も初任者も一緒に学んで一緒に成長していくことだと
思います。

　新坊　いい授業をしている教員をジャッジしてくれているのは、目の前の児童生徒という認識を持っています。その児童生徒が返してくれることに対して、次の授業でどうアプローチができるかということを延々と繰り返し、営める人でないとダメだと思っているんです。

　日々授業を受けている目の前の児童生徒はどう変わってきているのか、そこから自分の授業をいいか悪いかをちゃんとリサーチして、自分自身でジャッジして次の授業にどう生かせるかが重要なのだと思います。

　そのために、校内研修を変えていかないといけないと思っているんです。ですから、私は学校の校内研修のスタイルを変えていくことを通して、児童生徒がジャッジをしてくれているという認識を持ちながら、自律的・継続的に改善し続けられるように、どう教員を変えていくのかということが一番重要なポイントだと思います。

　中原　そういう意味だったら、校内研修の採用目的は、校内研修なしでも自己で理解できる人材を育成することですよね。

　新坊　それがなければ、改善はもうないわけですから。

校内研修のあり方

　脇本　今、校内研修のお話が出てきました。教師の成長と言えば、これまで校内研修や授業研究が着目されてきました。これからの教師の人材育成を考える上で、校内研修・授業研究は大切な話題だと思いますので、ここで焦点化して議論できればと思います。

　新坊　校内研修のイメージは、まずテーマ、取り組む教科を決める。そして授業者や授業学年が指導案を作成する。授業を公開し、校内の全教職員や外部講師が参観する。その後に研究討議会が開催され、最後に外部講師が指導助言を行う、というものではないでしょうか。

　どこの学校も熱心に取り組んでおられるのですが、実は研究授業の授業者は決してモチベーションは高くない、という現実があります。多くの学校で、教員が研究授業の授業者を引き受けることを敬遠する傾向が見られます。それは、授業後の研究討議会や外部講師の指導助言というものが、授業者にとっては自身の指導力や授業力

の評価の場と捉えてしまい、それが大きな負担感を生み出し、真の意味での授業実践のリフレクションの場となり得ていない、ということが原因と考えられます。

そこで私は、授業後に関われば「評価」になってしまうのですから、本当の意味での「指導助言」となるよう、先生方が一番悩まれる授業をどうつくるかという研究授業の前段階で関わる事前検討重視型の授業研究を提案しています。

中原　以前の授業研究会は、要するに、エバリュエーション＝事後評価の場だった。その際、指導主事はコーチじゃなくてジャッジだった。それをコーチに変えて、やっていくということですよね。

新坊　そうですね。

中原　ちなみに、そういう「研究討議会というのはどういう場である」、「指導主事とはどういうものだ」というのは、どのように決まってきたのですか。

新坊　そのことは、国際学会でポスターセッションを行った際、海外の研究者からも質問されました。なぜ学習プランを作った教員集団と研究討議会の教員集団は同じではないのか。授業づくりに携わってない教員が研究討議会に参加する意味は何なのか。そのような研修スタイルはなぜ生まれたのか。行政が指導しているのか。多くの学校はなぜ、そのスタイルを変えようとしないのか。いつからなのでしょうか。町支先生は、教員や学校はそれが校内研修というものだ、と思い込んでいて、他の方法をあまり考えたことがないからでしょう、と答えておられました。

中原　どこから考えても、外の視点から見るとそういうふうに見えますよね。みんなの前でやって、そのときだけいる、普段現場にいない人ですよね。

新坊　そうですね。今、関わっている学校でも、全教職員で事前学習会や模擬授業を行っています。そして事後の研究討議会はあえて行わず、教員同士で「事前学習会でやったあの意見が出てきたね」とか、「やっぱりこういう展開になったね」、「この考え方、子どもから出てくることは難しいんだね」とかの職員室での意見の交換に留めてもらっています。そうすると今度は、学校の中で、自然発生的に逆の現象が生まれてきます。「せっかく授業したんだから、もうちょっとあの先生方から意見が聞きたい」とか、「ここはどうすれば良かったのでしょう」というように、授業者が自ら意見を求めるような場面が見られるようになってきたのです。そうなったときに初めて、人から

の意見を受け入れられる、リフレクションできるという段階に到達したと言えるのではないか、と思うのです。

中原 校内研修のやり方は、どこで教えてくれるんですか。教員にとって非常に大事な授業改善の場なのであれば、校内研修とはどういう場で、それをどういうふうに相手にフィードバックするかということをきちっと教えないといけないと思うんですよ。

それは、今までは、ほんわかうまくいっていたかもしれないけれども、そういうことから一つずつ教えていかないといけないんじゃないかなと思います。聞いていて思ったんだけど、校内研修でやった授業って、もう1回やるんですか。

新坊 しないですね。

中原 これ、不思議ですよね。

新坊 そうですね。終わった後での「もっとこうすれば良かったですね」という指導助言で授業者が「そうだったんだ」と感じるのは、全て過ぎ去ってしまった過去形のものになってしまいます。一般化を図って日々の授業に生かせる面もありますが、次にその授業に出会うのは、その学年に再び配置されるときまでありません。

中原 つまり、使われることはない。

新坊 その学習内容固有のものとしては、ありませんね。

中原 使われることがなく、しかもジャッジされると思えば、誰もやらなくなる。

新坊 そうなんです。だからこそ、本当の意味で教員の学びにつながる校内研修に変えるための方法を提案していかなければならないと思っています。

フォーマルからインフォーマルへの変容

柳澤 校内研修ではないですが、授業力の向上において、メンターチームも役割を果たしています。経験の浅い教員は、メンターチームで授業力を付けたい、それによって子どもたちに良い授業をしたいということを考えていて、よく見させていただくのが、授業に関するメンターチームの活動です。自主的に和気あいあいと授業研究を進めているところもあります。横浜市のメンターチームはどの学校に行っても、やっていることは全然違っています。授業力を高めようというメンターチームがたくさんありますが、内容や進め方はみんなで話し合って決めるところもあります。「じゃあ一人1回ずつ授

業やってみよう」とか、「学習指導案の検討もみんなでやろうよ、そして終わったあとは、みんなで話そうよ」という感じです。自主的にやるので、大変意欲的で楽しそうにやっている姿を見て、インフォーマルな感じがとてもいいなと思うこともあります。

　研究授業というと、いま新坊先生がおっしゃったようなフォーマルな時間も大切にしながらも、インフォーマルに集まって、先輩の先生も見に来てくれたり、こんなところが良かったよと言われたり、あとは、全員が一緒に学習指導案の検討に関わるので、全員が「自分ごと」といいますか、自分の責任みたいな形でやっていて、関係性が上がっていく。そういうのを見させていただくと、自主的にインフォーマルでこういうことができるんだと、今後、教員が育つ仕組みの一つとして、こういうことも大事かなと思っています。

　新坊　おっしゃるとおりでね、「インフォーマル」というのは、校内研修改善のための一つのキーワードですね。非常に大事なキーワードだと思うんですよ。

　いわゆる少人数で、自分たちで指導案を考え、実践する。終わってから、作った人たちでリフレクションを行う。作成に携わった者たちだからこそ、リフレクションができると思うんです。今までは、作ったのはこの先生だったりこの学年の先生だったりで、研究討議会のときだけ、全校の先生が集まって、初めてそれを見ていろいろ言うわけですよね。

　柳澤先生が言われた、授業をやった先生、作った先生が集まって、「こうだったな、ああだったな」というのは、正に振り返りだと思うんですよ。実はそういうことをやっている中学校が大阪府にもあります。教科を超えて学年を超えて集まった小集団で授業を考えて研究授業して、振り返りを行っています。小さな研究授業と呼ばれていましてね。中学校というのは、よく教科の壁があると言われるんですが、その壁を越えて、研究集団を有効に機能させた学校が実際にあります。

　柳澤　例に挙げたメンターチームのリーダーは、「インフォーマル」というところをとても意識していると思います。そのために机の上にお菓子を置いたりして。そうすると完璧に皆もインフォーマルでという気持ちになって、何でも言い合えるとか。ときにはメンバーの一人が「実はね」って悩みを言って、本音を言い合えているという姿を見ると、一つのキーワードは、「インフォーマル」ということかなと思います。ジャッジではなく

コーチであり、個で対応するのではなくて組織で。フォーマルじゃなくてインフォーマル。こうした場面がメンターチームで多く見られます。

中堂　以前、横浜市の10年経験者研修を見学させていただいてから、大阪府でも10年経験者研修においてメンタリングを紹介しました。現在では、メンターチームで取り組むメンタリングを実施している学校が非常に多くなってきました。その中にはカフェスタイルでチームを作っているところもあれば、中学校などでは、学年や教科の壁も超えてチームを作っているところもあります。教員組織として、協働意識や親和感が非常に高まってきていると感じています。

以前、校長研修でメンタリングの話をしたとき、「それはうちもやっているよ」というところが結構ありました。聞くと、先生方がすごく楽しそうにやっている、つながりも深まってきているということはよく伝わってきました。しかし、今、一旦立ち止まって考えなければならないことがあると思っています。果たして、協働意識や親和感の高まりは、個々の教員の授業力や指導力の向上にどのくらい寄与しているのだろうか、ということです。教員だけですと、教材研究をするにしろ、学級づくりについて話し合うにしても、その知識や情報の幅は狭く、限られたものになってしまいます。新たな知識や情報、視点のインプットも非常に重要であると考えますので、教員だけでなく、そのプロセスに外部講師の関わりも必要だろうなと感じているところです。

組織としての協働意識や親和感の高まりが、真の意味での同僚性の高まりとなり、教員個々の授業力、指導力の向上につながるよう、メンタリングの質の向上を模索していきたいと考えています。

・・・・・教師の育成で今後大切にしていきたいこと・・・・・

脇本　ここまで、今の学校の実態から人材育成の現状、そして、今後の人材育成について議論をしてきました。まだまだ話し足りないところではありますが、お時間になりましたので、最後に、教員の育成で今後大切にしていきたいことや今後の展望についてメッセージをいただければと思います。

後列左から新坊氏、脇本氏、町支氏
前列左から柳澤氏、中原氏、中堂氏

　柳澤　これからの人材育成について、横浜市の場合で言えば、教育課題が多様化している中で、いかに多様な学びに応じて学び続ける先生方を支援していけるのか、というところになってくると思います。

　いま考えている中で、キーワードをあげると、「セルフ・マネジメント」。自分が自分の成長を主体的に組み立てていくような仕組みにしていきたいと考えています。

　また、ニーズに対応できるように、学校の課題を解決できる等、さらに役に立つ研修を考えていきたいと思っています。学校の変化に応じて研修の仕組みを変えて、各学校の人材育成、個々の人材育成に合うような、それぞれのOJTと研修が連動していくような、そんな研修を作っていけるように心がけていきたいと考えています。

　新坊　学校現場に入ってみると、今まで延々と営まれてきたその制度や方法が、今の社会の大きな変化に対応しきれていないと分かっていながら、他の方法が見つからないので、形骸化したことを続けているという現状が垣間見えている気がします。

　どのようにして、今までの形に捉われない手法で学校を活性化させていくか。教職

経験年数の多少にかかわらず意欲的に新たなものを学んでいこうとする、より良き学習者としての教員を育てていけるような手法を見いだして、学校にアプローチをかけていきたいなと思っています。

　中堂　私は、教員が学び続けて、教員としてのやりがいを見つけ、モチベーションを上げてもらいたいと思っています。

　大阪府では、校内研修と校外研修の両輪で教員を育てていこうという仕組みをいろいろ作っています。その一つに、初任者研修や中堅教員等資質向上研修では、理論を校外研修で受講後、学校でそれを実践し、受講者が自身の実践を持ち寄って交流や振り返りを行う検証を実施しています。

　したがって、教員が理論で学んだことを学校の中で生かすためにも、教員が「自分が中心となって頑張っているんだ」と思える活躍の場を、管理職の先生には作ってもらいたいですね。

　そうすることで、私たちが実施している校外研修と校内研修がつながり、先生方のモチベーションも上がるのではないかと思っています。

　中原　数ある業界の中でも非常に育成が難しい業界なんだけれども、先生方の多くのパッションとか、これまで培ってきた学校条件の中で、職場に配置すればそこそこ育つというような状況が永く続いていたところがあだになっている気がしています。このまま今の状況でいくと顧客を選べないB to Cで、正規、非正規が混在していて、任期も10年未満で、しかも管理職が数年で変わる。この状況を冷静に見ていくと、かなり育成は難しいかなと思います。

　今日つくづく思ったのは、教員の育成の仕組みを総点検しないといけない。例えば、校内研修はこういうふうにやるべきものだと長く染みついているやり方とか慣習とかあるじゃないですか。それをもう1回今の時代にあった形にしていくとか、任期の問題も見直す必要あるかもしれない。つくづく思ったんですけど、育成はほとんど現場で行われているじゃないですか。だったら4年間の大学は、なんでいるんだって思いませんか？

　いまIT企業がシリコンバレーとかで自分で学校を持つと言っているんですよ。要は、大学で学位をとった人を採用するんじゃなくて、最初から学校を作ってしまえばいい。

とりあえず企業に技術者で来て、2 年間養成されたら、その企業で働ける。非常にスキルフルなものができる。だからこの場合で言うんだったら、教育委員会が学校を持つということになっちゃうんだけど、そのぐらいまで見直していかないと、いい教員は育たないんじゃないかなと思います。今のはもちろん「たとえ」です。でも、そのくらいの勢いでシステム全体を総点検しなければ間に合わないと思います。教員養成機関も、新たな役割を自己定義して、ぜひ、社会に有為な人材を送り出していただきたいと思います。

　　脇本　皆様、ありがとうございました。これで座談会を終わりにしたいと思います。

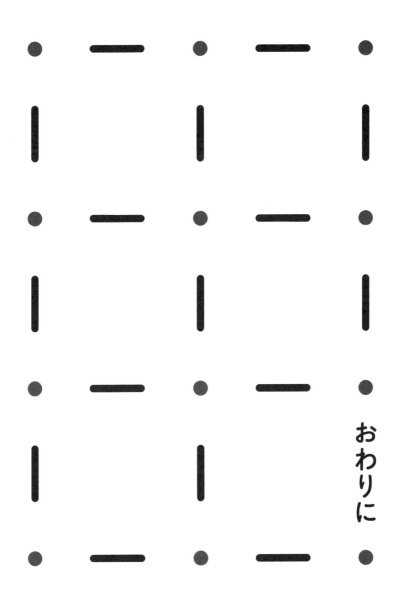

おわりに

おわりに

　本書では、これからの若手教師の育成について、実践事例をもとに考えてきました。若手教師の大量採用や、特別な支援が必要な子どもの増加、そして、各教師が実現すべき学びの変化など、様々な社会変化をふまえ、教師の育成、特に若手教師の育成のあり方も変わっていくべき時にきているという課題意識のもと、様々な育成事例を紹介してきました。

　第1部の社会背景でも述べてきたように、これまで日本の教師の育成は世界からも注目される成果を挙げてきました。しかし、現在、教師の育成は危機を迎えています。最後の座談会（「これからの教師の育成のあり方を考える」）でも述べられていたとおり、教師の育成は、そもそも難しさを抱えているうえに、近年の社会変化が、さらにその難しさに拍車をかけていると言えるでしょう。例えば、従来であれば、教師集団の中にいることで、自然に同僚関係が作られ、その中で校内研究のような機会をきっかけに学んでいくことができました。しかし、新規採用の増加や、一方で各学校の小規模化の中で、それも工夫なしには成り立ちづらくなってきました。また、若手教師の価値観の変化も大きく、既存の教師たちの中に単純にロールモデルを見つけてそこを目指していくというような成長の姿が描きづらくもなってきました。今は、こうした中で、いかに育成を行っていくか、その抜本的な改革が求められている時代だと言えます。

　本書で取り上げた実践は、そのような状況の中で、教師たちが質の良い学びを実現しようとした奮闘の記録であるとも言えます。また、座談会は、そのような実践に取り組む先生たちの本音をうかがう場でもありました。

　各部の内容を少し振り返ってみると、第2部では1対1の関わりがテーマでした。メンタリング、経験学習やALACTモデルなどをもとに若手教師の成長を促すにはどのようにすべきか、実践事例を紹介してきました。1対1で若手に丁寧に関わるということは、多忙化が進む中では難しいことかもしれません。それでも、若手教師にとって、先輩教師との1対1の関わりは、その後の教職人生にとって大きな影響を与えること

が考えられます。様々な調査で、成長のきっかけとして先輩教師の存在、関わりが挙げられています。よって、多忙化の中でも、各実践で用いたツールなどを用いることで、効率的・効果的に、若手教師とうまく関わっていくことが重要です。

第3部は、チームや組織での関わりがテーマでした。年齢構成の変化を考えると、若手教師の人材育成の中心は、チームや組織の関わりになってくると思います。これまでインフォーマルに、個人の気配りや努力でできてきたことを、自然に任せて行うことは、もはや難しくなってきました。また、放課後も、意図的に時間を作らない限り、教師間で話をすることさえも難しくなってきました。そのため、校内に教師が育つ機能や仕掛けを、意図的に作っていくことが重要です。第3部の各実践事例で共通して重要なことは、参加した教師が主体的にその場に関わっていくということでした。自分たちで目的意識を持ち、進めていく。そのような運営が求められています。これは、目新しいことではなく、従来であれば、教師がインフォーマルに創り上げてきた文化だと思います。現在のような状況においては、それをフォーマルな中で支えていく必要があります。

第4部は、ミドルリーダーをどのように育てるかということがテーマでした。若手教師の育成を進めていく中で、ミドルリーダーの関わりは非常に重要です。1対1の関わりでも、チームや組織での関わりでも、ミドルリーダーは若手に直接的に関わる存在として、育成がうまくいくかどうかの鍵になります。そのようなミドルリーダーを育てる際に重要なことの一つとして、ミドルリーダーが役割意識を持ち、納得して進めていくことが挙げられます。第4部のどの実践事例でも、ミドルリーダーが役割意識を持つことを大切にしていました。リーダーの若年化が進む中においては、ミドルリーダーは、リーダーといえども、教師として、後輩を育てるということよりも、まだまだ自身の授業をよくしていきたいというキャリアの途上にいます。よって、ミドルリーダーを育てていく際は、ミドルリーダーが後輩を育てていくことの価値を理解し、ミドルリーダーがそれぞれ取り組む人材育成の実践を支え、次によりよい実践を考えられるような支援や関わり・仕掛けが求められます。

ここまで、第2部から4部までを振り返ってきました。各実践事例で、いろいろな工夫が行われていますが、大切なことは、各実践事例の内容はもちろんのこと、各人

が自ら工夫して教師の学びの場を作っていくことです。授業と同じで、この方法を行えば誰でも育つという魔法のような方法はありません。目の前の先生たちの様子を見ながら、理論や方法を参照して、自律的に学びを作っていくことが大事だと言えます。

　その際、意識しておきたいことは、長期的視点と短期的視点を持つことです。長期的視点は、どういう子どもを育てたいか、そして、その実現のためには、教師としてどうあるべきか、どのような教師になりたいかということです。育てたい子ども像、教師像を持つということです。若手教師自身がそのような像を持ち、その実現のために、自らの学びを俯瞰して捉え、改善できるように育てる、関わることが重要です。つまり、自律した学び手に育てるということです。「自律」という言葉を使ったときに、注意したいことがあります。「自律」は、必ずしも一人ですべてできるようになるということではありません。自分の学びを進めていく中で、必要なときに、適切に援助を求められるようになることも「自律」には含まれます。自分の判断で助けを求められるようになることも、「自律」には大切なことです。

　短期的視点は、長期的視点における教師像の実現に向けて、スモールステップでプロセスを考え、実行すること、また、時にはそこから外れて子どもや若手教師の抱える課題解決を優先するということです。まず、前半部分ですが、長期的視点で考えたことを実現していくためには、そのための道筋を考えることが求められます。これは若手教師と一緒に考えていくことが重要です。後半部分については、実践を続けていく中で、どこまで教師としての学びを優先するかということです。これは、座談会でも話題にでました。まず一番優先すべきは子どもの学びです。当たり前のことですが、子どもの学びがあまりに阻害されるようであれば、先輩教師の介入が必要です。そして、若手教師の課題については、課題の重さが重要になってくると思います。深刻であったり、スピードが求められたりする課題であれば、本人が向き合うことよりも、若手を守るために先輩教師が率先して、躊躇せずに課題解決をすべき場合もあるかと思います。先輩教師が若手教師に直接的にやり方を伝え、それで解決してしまうことも考えられます。ただし、課題の程度にかかわらず、そのような解決の仕方が日常になってしまうと、若手教師は困ったときは先輩教師にとりあえず助けてもらえばいいと考えるようになってしまいます。これは、先輩教師への過度な依存をうみ、自律を阻むこと

になり、若手教師の成長を阻害することになります。日々の学びにおいては、長期的視点を先輩教師と若手教師が共有し、共に学んでいくことが重要になります。

　こうしたことに留意しながら共に学んでいくうえで、特に求められるのは、学びを促す側の人材こそが、いかに学び、変わっていくか、ということです。ミドル以上の教員は、視点を変えると、過去の育成のあり方の中で育ってきた人材であるとも言えます。つまり、新しい育成のあり方を考えていくことは、自分自身が若手のときに経験してきた学びとは異なるものを提案していくことにもなります。人によっては、自分が育ってきたあり方に固執し、他のものを否定してしまうこともあるかもしれません。繰り返しになりますが、新しい育成のあり方を変えていくということは、自分が育ってきた道と異なる道を作っていくということでもあります。だからこそ、自分自身も変わる必要があるし、変わるためには、学び続けることが必要です。第4部でも見てきたとおり、若手の学びが変わるには、ミドルの学びが変わっていく必要があります。同様に、育てていく側の学びという意味では、教師教育に携わる大学教員も学び、変わっていく必要があると、第5部の座談会で触れられていました。総じて、学べ、成長しろという側こそが、学び、変わり続けられるか、ということが問われているのかもしれません。

　本書を手にした皆様にとって、ここであげた理論、事例、座談会といった内容が、学び変わっていくことの後押しになっていればと願ってやみません。

（脇本　健弘）

（町支　大祐）

執筆者一覧

大内美智子（横浜創英大学こども教育学部教授、元横浜国立大学教育学研究科高度教職実践専攻教授）

尾澤　知典（横浜市立緑園東小学校主幹教諭）

片桐　大樹（横浜市立南太田小学校主幹教諭）

新坊　昌弘（関西外国語大学英語キャリア学部教授）

鈴木　紀知（横浜市立戸部小学校教諭）

玉虫麻衣子（横浜市立大鳥小学校教諭、元横浜市立上大岡小学校教諭）

町支　大祐（帝京大学大学院教職研究科専任講師）

寺谷　亘（横浜市立名瀬小学校主幹教諭）

中堂寿美代（枚方市立川越小学校校長、元大阪府教育センター教育企画部企画室室長・首席指導主事）

中原　淳（立教大学経営学部教授）

平野　智紀（内田洋行教育総合研究所）

藤本　祐之（相模原市教育委員会学校教育課）

松原　雅俊（横浜国立大学教育学研究科高度教職実践専攻教授）

森　綾乃（川崎市立宮内小学校教諭）

柳澤　尚利（横浜市教育委員会事務局教職員人事部教職員育成課主任指導主事）

脇本　健弘（横浜国立大学教育学研究科高度教職実践専攻准教授）

渡邉　久暢（福井県立藤島高等学校教頭、元福井県立若狭高等学校教諭）

（五十音順）

〈編著者紹介〉

脇本　健弘（わきもと　たけひろ）
　　1984 年　福井県生まれ
　　2014 年　東京大学大学院学際情報学府博士課程修了
　　現　　在　横浜国立大学教育学研究科高度教職実践専攻准教授

町支　大祐（ちょうし　だいすけ）
　　1980 年　広島県生まれ
　　2007 年　横浜市立中学校教諭
　　2015 年　東京大学大学院教育学研究科博士課程単位取得退学
　　現　　在　帝京大学大学院教職研究科専任講師

サービス・インフォメーション

──────────────── 通話無料 ────────────────

①商品に関するご照会・お申込みのご依頼
　　　　　　TEL 0120（203）694／FAX 0120（302）640
②ご住所・ご名義等各種変更のご連絡
　　　　　　TEL 0120（203）696／FAX 0120（202）974
③請求・お支払いに関するご照会・ご要望
　　　　　　TEL 0120（203）695／FAX 0120（202）973

●フリーダイヤル（TEL）の受付時間は、土・日・祝日を除く
　9：00〜17：30です。
●FAXは24時間受け付けておりますので、あわせてご利用ください。

教師が学びあう学校づくり
──「若手教師の育て方」実践事例集──

2021 年 10 月 20 日　初版発行

編　著　　脇　本　健　弘
　　　　　町　支　大　祐

発行者　　田　中　英　弥

発行所　　第一法規株式会社
　　　　　〒107-8560　東京都港区南青山2-11-17
　　　　　ホームページ　https://www.daiichihoki.co.jp/

装　丁　　永　松　大　剛

学びあう学校　ISBN978-4-474-07498-9　C2037　（9）